Marktwirtschaft
im Sozialismus

Marktwirtschaft im Sozialismus

Ein Symposion der
Ludwig-Erhard-Stiftung
am 16. März 1989

Marktwirtschaft im Sozialismus

mit Beiträgen von

Hermann von Berg · Karl Hohmann
Nikolaj Ja. Petrakow · Gerhard Prosi
Alfred Schüller · Wolfgang Seiffert
Horst Teltschik · Erwin Wickert
und anderen

Redaktion:
Horst Friedrich Wünsche

Gustav Fischer Verlag
Stuttgart · New York · 1990

Ludwig-Erhard-Stiftung Bonn
Johanniterstraße 8, D-5300 Bonn 1

Band 27

CIP-Titelaufnahme der Deutschen Bibliothek

Marktwirtschaft im Sozialismus : [ein Symposion der Ludwig-Erhard-Stiftung am 16. März 1989] / mit Beitr. von Hermann von Berg ... u. anderen. Red.: Horst Friedrich Wünsche. – Stuttgart ; New York : Fischer, 1990
  (Ludwig-Erhard-Stiftung Bonn ; Bd. 27)
  ISBN 3-437-50333-2
NE: Berg, Hermann von [Mitverf.]; Ludwig-Erhard-Stiftung: Ludwig-Erhard-Stiftung Bonn

Gustav Fischer Verlag · Stuttgart · New York 1990
Wollgrasweg 49, D-7000 Stuttgart 70
Das Werk einschließlich aller seiner Teile ist urheberrechtlich geschützt. Jede Verwertung außerhalb der engen Grenzen des Urheberrechtsgesetzes ist ohne Zustimmung des Verlags unzulässig und strafbar. Das gilt insbesondere für Vervielfältigungen, Übersetzungen, Mikroverfilmungen und die Einspeicherung und Verarbeitung in elektronischen Systemen.
Satz: Fotosatz Froitzheim KG, Bonn
Druck und Einband: F. Pustet, Regensburg
Printed in Germany

Inhaltsverzeichnis

Begrüßung
Karl Hohmann 1

Perspektiven der West-Ost-Beziehungen
Horst Teltschik 5

Probleme der Marktgestaltung in der UdSSR
Nikolaj Ja. Petrakow 19

Die Sowjetunion auf dem Weg zur Marktwirtschaft?
Alfred Schüller 33

Die Reformen in der Sowjetunion und
ihre Auswirkungen auf das Comecon
Wolfgang Seiffert 69

Gorbatschows „neues Denken":
Dekoration für alte Fehler
Hermann von Berg 83

Standpunkte, Probleme, Fragen
Diskussion 91

Referenten und Diskussionsteilnehmer 139

Personenregister 143

Sachregister 145

Begrüßung

Karl Hohmann

Begrüßung

> „Die Ablösung der Planwirtschaft durch die Marktwirtschaft bietet die denkbar größten Schwierigkeiten."
>
> *Ludwig Erhard*

Seit einiger Zeit sind wir Zeugen des Versuchs der Führung der Sowjetunion, das seit der Oktoberrevolution entstandene sozialistische Wirtschaftssystem umzugestalten. Wir verfolgen diese Anstrengungen mit größter Aufmerksamkeit – sowohl aus einem allgemeinen politischen Interesse wie auch als Stiftung, die den Namen *Ludwig Erhards* trägt.

Ludwig Erhard hat sich in die Annalen der deutschen Nachkriegsgeschichte als konsequenter Systemveränderer eingetragen, und er hat damit eingeleitet, was außerhalb der Bundesrepublik als „deutsches Wirtschaftswunder" bezeichnet worden ist – eine Wortwahl, die *Erhard* selbst nicht geschätzt hat, weil er das Geschehen auf rational erklärbare Ursachen zurückführte.

Ludwig Erhard hat zur Frage „Wirtschaftswunder – ja oder nein?" im Jahre 1958 vor dem Indian Council of World Affairs in Neu Delhi erklärt: „Wenn ich den Begriff ‚deutsches Wirtschaftswunder' ablehne, so deshalb, weil sich in Deutschland kein Wunder ereignet hat, sondern eine auf freiheitlichen Prinzipien begründete Wirtschaftspolitik der menschlichen Arbeit Wert und Sinn verhieß und der Fleiß und die Hingabe eines Volkes wieder Zwecken der menschlichen Wohlfahrt nutzbar gemacht wurden. Fast bruchartig wurde in Verbindung mit einer ebenso harten wie konsequenten Währungsreform eine bis dahin völlig erstarrte staatliche Befehls- und Zwangswirtschaft in das System einer freien Gesellschaftswirtschaft übergeführt, in der die Funktion der freien Preisbildung und des nicht durch Monopole und Machtpositionen behinderten freien Wettbewerbs den Ordnungsrahmen setzte."

Es wäre nun zweifellos reizvoll, der Frage nachzugehen, ob es Parallelen zwischen dem gibt, was in der Bundesrepublik Deutschland damals geschah, und den Aufgaben, die sich heute in der Sowjetunion stellen. Ich möchte nur auf einen Gesichtspunkt eingehen, den *Erhard* bei seinem Werk nie aus den Augen verloren hat. Bei allem, was er an konkreten Maßnahmen ergriff, versuchte er, die Masse der Bevölkerung zu interessieren und ihr zu erklären, was und warum es geschah. *Erhards* Ziel war immer, die Passivität des Bürgers zu überwinden und ihn zu einem aktiven Verbündeten zu machen. Ich wage zu behaupten, daß die Einflußnahmen auf die öffentliche Meinung so wichtig gewesen sind wie die konkreten Maßnahmen selbst und daß es ohne die von manchen Gegnern abschätzig als „Seelenmassagen" bezeichneten öffentlichen Reden, Artikel und Anzeigen kein „deutsches Wirtschaftswunder" gegeben hätte.

Was sich heute in der Sowjetunion vollzieht, ist nicht nur für die Völker der Sowjetunion von großer Bedeutung – das Wort von der „zweiten Revolution" trifft den Punkt –, auch alle anderen Länder im Comecon werden davon nachdrücklich berührt. Perestrojka und Glasnost sind darüber hinaus Elemente der internationalen Beziehungen und können Wesentliches zur Friedenssicherung beitragen.

Perspektiven der West-Ost-Beziehungen

Horst Teltschik

Eine neue Phase in den West-Ost-Beziehungen

Die Fundamente künftiger Zusammenarbeit

Zu Gorbatschows „neuem Denken" gibt es keine Alternative

Die sowjetische Außenpolitik ist berechenbar wie nie zuvor

Eine neue Bewährungsprobe für Europa

Die „Schlüsselrolle" der Bundesrepublik Deutschland

Am 25. Juni 1988 fand in Moskau unter der Leitung des ZK-Sekretärs für Propaganda, *Skljarow,* eine internationale Pressekonferenz mit den wichtigsten außenpolitischen Experten der Sowjetunion statt. Auf die Frage eines sowjetischen Journalisten, was der „schwerste Fehler der sowjetischen Außenpolitik" gewesen sei, antwortete der damalige Generalstabschef *Achromejew,* dies seien die „Militarisierung des Denkens und das sinnlose Hochrüsten" gewesen.

In der Tat war die sowjetische Politik der siebziger und Anfang der achtziger Jahre geprägt

☐ von verstärkter innerer Repression, die sich symbolisch in der Verbannung von *Sacharow* widerspiegelte;

☐ von militärischer Aufrüstung, die ihren Höhepunkt in der Stationierung der nuklearen Mittelstreckenrakete SS 20 fand, und

☐ von Aggressivität nach außen, die zur militärischen Intervention in Afghanistan und zur Unterstützung verschiedener Stellvertreterkriege führte.

Die Reaktion des Westens auf diese Politik blieb nicht aus. 1979 faßte die NATO den Doppelbeschluß, der 1983 dazu führte, daß nach dem Scheitern der Genfer INF-Verhandlungen mit der Stationierung von amerikanischen Mittelstreckenraketen in fünf europäischen Staaten begonnen wurde.

In den USA wurde damals, 1980, *Ronald Reagan* zum Präsidenten gewählt. Als seine politischen Ziele verkündete er das wirtschaftliche und militärische Wiedererstarken seines Landes und die Eindämmung des sowjetischen Expansionsstrebens. Zum Symbol dieser Politik wurde die überraschende Ankündigung des SDI-Programms im März 1983 und *Reagans* harsche Kritik an der Sowjetunion, die er als „Reich des Bösen" charakterisierte.

Diese wenigen Hinweise auf die Ausgangssituation vor etwa zehn Jahren verdeutlichen, welche Veränderungen sich bis heute vollzogen haben.

Eine neue Phase in den West-Ost-Beziehungen

Die West-Ost-Beziehungen und das amerikanisch-sowjetische Verhältnis haben sich in den vergangenen zehn Jahren grundlegend gewandelt. Am Ende der Ära *Reagan* haben beide Weltmächte unabhängig voneinander bestätigt, daß ihre Beziehungen so umfassend und so gut seien wie nie zuvor nach dem Zweiten Weltkrieg:

☐ Die fünf Gipfelbegegnungen zwischen Präsident *Reagan* und Generalsekretär *Gorbatschow* erwiesen sich als Motor der Verständigung und Zusammenarbeit. Sie führten zu weitreichenden, ja, zu historischen Ergebnissen.

☐ Mit dem erfolgreichen Abschluß der Konferenz für vertrauensbildende Maßnahmen und Abrüstung in Europa, der sogenannten KVAE-Konferenz, im September 1987 in Stockholm und dem INF-Abkommen über den weltweiten Abbau aller amerikanischen und sowjetischen nuklearen Mittelstreckenraketen im Mai 1988 sind beispiellose Ergebnisse erzielt worden. Zum ersten Mal in der Geschichte der Abrüstung wird eine ganze Waffenkategorie weltweit, vor allem aber mit einer bisher nicht dagewesenen, umfassenden Kontrolle vor Ort, völlig abgebaut.

☐ Heute gibt es zwischen West und Ost Abrüstungs- und Rüstungskontrollverhandlungen über strategische Nuklearwaffen, über ein weltweites Verbot der chemischen Waffen und über die konventionellen Rüstungen. Letztere haben gerade in Wien begonnen. Im Dezember 1988 hat Generalsekretär *Gorbatschow* einschneidende einseitige Reduzierungen konventioneller Streitkräfte im Warschauer Pakt angekündigt.

Freilich sind bisher noch die nuklearen Kurzstreckensysteme ausgespart geblieben, deren rüstungskontrollpolitische Erfassung vor allem von der Bundesrepublik seit längerem gefordert wird.

☐ Beide Weltmächte haben vor allem in den letzten beiden Jahren zahlreiche Gespräche und Verhandlungen über alle regionalen Konfliktherde dieser Erde geführt. Inzwischen haben die sowjetischen Truppen Afghanistan verlassen; der Golfkrieg ist zum Stillstand gekommen; in Angola/Namibia und Kampuchea zeichnen sich Lösungen ab. Im Nahen Osten und in Zentralamerika sind Bemühungen um Friedensregelungen im Gange.

☐ Im Januar 1989 haben die Außenminister die KSZE-Folgekonferenz in Wien erfolgreich besiegelt. Insgesamt zehn Folgeveranstaltungen wurden vereinbart, darunter drei Menschenrechtskonferenzen in Paris, Kopenhagen und Moskau. Die Menschenrechte sind fester Bestandteil der West-Ost-Gespräche und Verhandlungen. Sicherlich sind die Fortschritte in diesem Bereich nicht spektakulär, aber es gibt sie, und ich finde es geradezu sensationell, daß amerikanische Wissenschaftler soeben Gelegenheit hatten, psychiatrische Kliniken in der Sowjetunion zu besichtigen. Wenn sich Ungarn innerhalb des Warschauer Paktes offiziell zum Anwalt der Menschenrechte erklärt und die Einsetzung einer gemeinsamen Arbeitsgruppe fordert, beweist dies, daß wir auch in diesem Bereich auf dem richtigen Weg sind.

☐ Nicht zuletzt entwickeln sich auch die Beziehungen zwischen den westeuropäischen Staaten mit der Sowjetunion und den einzelnen Warschauer Pakt-Staaten, wenngleich auch im einen Falle rascher und umfassender als im anderen.

Wer hätte Anfang der achtziger Jahre die Prognose gewagt, daß sich die West-Ost-Beziehungen gegen Ende dieses Jahrzehnts so umfassend und tiefgreifend verändern und fortentwickeln würden?

Die Fundamente künftiger Zusammenarbeit

Offensichtlich haben mehrere Faktoren diesen weitreichenden Prozeß der Verständigung und Zusammenarbeit zwischen West und Ost eingeleitet und gefördert – Faktoren, die auch die weitere Entwicklung der West-Ost-Beziehungen bestimmen werden.

☐ Einerseits war es die Kohärenz und Handlungsfähigkeit des westlichen Bündnisses. Dafür war die Durchführung des NATO-Doppelbeschlusses 1983/84 ein Schlüsselereignis. Die Allianz hatte damals den Beweis erbracht, daß sie trotz vehementen äußeren und inneren Drucks in der Lage ist, eine Entscheidung, die sie aufgrund ihrer eigenen sicherheitspolitischen Interessen gemeinsam getroffen hatte, auch gemeinsam durchzusetzen.

Gleichzeitig hat das Bündnis seine abrüstungs- und rüstungskontrollpolitischen Ziele aktiv und offensiv weiterverfolgt und konsequent verfochten, auch zu dem Zeitpunkt, als die Sowjetunion 1983 den Genfer Verhandlungstisch verlassen hatte. Der weltweite Abbau aller nuklearen Mittelstreckenraketen, der weltweite Abbau der chemischen Waffen und die Forderung nach dem Abbau einseitiger Überlegenheiten im konventionellen Bereich sind Initiativen des Westens, die sich durchgesetzt haben. Zähigkeit, Ausdauer, Mut und Initiative haben sich ausgezahlt und sich vor einer öffentlichen

Meinung bewährt, die in all diesen Tagen ungeduldig, gereizt und fordernd war.

☐ Zu diesem Faktor mußte die Bereitschaft von Präsident *Reagan* hinzukommen, nach seiner Wiederwahl 1984 die Gipfeldiplomatie mit der sowjetischen Führung einzuleiten. Bundeskanzler *Helmut Kohl* hatte diese Gipfeldiplomatie unmittelbar nach seiner Regierungsübernahme 1982 gefordert.

Bis 1985 waren die Beziehungen zwischen beiden Weltmächten, aber auch zwischen der Sowjetunion und der Bundesrepublik Deutschland, ausschließlich auf Fragen der Sicherheit und Abrüstung begrenzt. Die politischen Beziehungen zwischen Ost und West waren weitgehend eingefroren. Erst die Gipfeldiplomatie hat den Weg zu Abrüstungsergebnissen eröffnet. Sie machte damit deutlich, daß es eine unauflösliche Wechselwirkung zwischen der Entwicklung der politischen Beziehungen und Fortschritten in Fragen der gegenseitigen Sicherheit und Abrüstung gibt. Abrüstung und Rüstungskontrolle gehören zu den kompliziertesten Fragen in West und Ost. Ergebnisse sind nicht zu erwarten, wenn die politischen Beziehungen nicht vertrauensvoll sind. Je besser und umfassender die wechselseitigen Beziehungen sind, desto größer sind die Chancen, daß sich gegenseitiges Vertrauen entwickelt und Abrüstungsschritte erreicht werden. Dies gilt auch zukünftig.

☐ Ein weiterer wesentlicher Faktor, der den Wandel herbeigeführt hat, ist die Reformpolitik von Generalsekretär *Gorbatschow*. Dieser Faktor mußte hinzukommen, und er hat ganz wesentlich die Dynamik in den West-Ost-Beziehungen bestimmt. Er wird auch weiterhin das Schicksal der West-Ost-Beziehungen entscheidend beeinflussen. Dieser Faktor stellte sich mit der Persönlichkeit von Generalsekretär *Gorbatschow* vor jetzt vier Jahren ein. Mit *Gorbatschow* übernahm ein Generalsekretär die Führung in Moskau, der sich nicht nur als entscheidungsfreudig, sondern auch als entscheidungsfähig erwies. Er löste eine fast zehn Jahre andauernde Stagnation in der sowjetischen Führung ab.

Generalsekretär *Gorbatschow* hat, wie er selbst betont, eine revolutionäre Umgestaltung der sowjetischen Politik nach innen und nach außen eingeleitet. Sie beschränkt sich nicht ausschließlich auf den Bereich der Wirtschaft, also auf das, was Perestrojka genannt wird. Dies unterscheidet *Gorbatschows* Reformabsichten ganz wesentlich von Reformansätzen früherer sowjetischer Führer. *Gorbatschow* hat alle Bereiche in den Reformprozeß einbezogen und auf dem ZK-Plenum im Januar 1987 ausdrücklich betont, daß das, was er „Demokratisierung" nennt, Vorrang vor der Perestrojka habe.

Gorbatschow weiß, daß es eine Wechselwirkung zwischen der Reform der Wirtschaft und der Reform von Staat und Gesellschaft gibt. Die eine kann ohne die andere nicht gelingen. Die gleiche Erfahrung werden auch die Comecon-Staaten machen, die heute noch versuchen, den Reformprozeß auf den Bereich der Wirtschaft zu begrenzen.

Zu Gorbatschows „neuem Denken" gibt es keine Alternative

Im wesentlichen ist der sowjetische Reformprozeß durch vier Elemente charakterisiert:

☐ *Gorbatschow* revidiert zentrale Dogmen der marxistisch-leninistischen Ideologie, wenn er beispielsweise den Monopolanspruch der KPdSU auf die Wahrheit in letzter Instanz aufgibt und Abschied nimmt vom „geschichtlich determinierten Sieg des Sozialismus".

☐ *Gorbatschow* ist dabei, Staat und Partei immer stärker voneinander zu trennen und Elemente von Gewaltenteilung und verstärkter Rechtssicherheit einzuführen. Er selbst spricht von der Einführung eines „sozialistischen Rechtsstaates".

☐ Mit der Politik von Glasnost – Offenheit – schafft *Gorbatschow* breiteren Raum für mehr geistige und gesellschaftliche Pluralität.

☐ *Gorbatschow* verändert die sozialistische Planwirtschaft schrittweise, indem er ökonomische Mischstrukturen ausbildet, die zu verstärkter Dezentralisierung, zu individueller Verantwortlichkeit und zur Öffnung zum Weltmarkt führen. Das erklärte Ziel ist die „sozialistische Marktwirtschaft". Wir erleben heute gewissermaßen weltweit einen Siegeszug der Marktwirtschaft, wobei freilich unterschiedliche „Marktwirtschaften" angestrebt werden: freie, sozial verpflichtete, Soziale, sozialistische.

Sollte sich die von *Gorbatschow* eingeleitete Politik in ihrer erklärten Zielsetzung fortsetzen, würde sich in der Sowjetunion in der Tat ein revolutionärer Wandel vollziehen, der allmählich eine solche Eigendynamik entwickeln könnte, daß er nicht mehr umkehrbar wäre, es sei denn zu einem Preis, der sich in verstärkter Repression nach innen und Aggression nach außen niederschlagen würde und den sich die sowjetische Führung immer weniger leisten könnte – innen- wie außenpolitisch. Deshalb weisen viele Kenner der Sowjetunion darauf hin, daß Moskau zu diesem Reformwerk keine Alternative habe und daß diese Reformpolitik letztlich auch unabhängig von der Persönlichkeit des jetzigen Generalsekretärs sei. Wenn aber die von *Gorbatschow* begonnene Reformpolitik fortgeführt werden muß, dann wird sie das sowjetische System auch auf Dauer, und zwar nach innen und nach außen, kompromißfähiger machen, fähiger zum Dialog und zur Zusammenarbeit sowie fähiger zur Regelung von Konflikten.

Die sowjetische Führung muß heute die Erfahrung machen, daß innere Stabilität und Weltmachtanspruch mit militärischer Stärker allein nicht aufrechterhalten werden können, wenn nicht wirtschaftliche und industrielle Leistungsfähigkeit, wissenschaftlich-technologischer Weltstandard und soziale Stabilität durch wirtschaftlichen Wohlstand breiter Bevölkerungsschichten hinzukommen.

Gorbatschow weiß, daß diese Ziele nur erreichbar sind, wenn er sein Land öffnet, die internationale Zusammenarbeit sucht und bestehende Konfliktpotentiale und damit bedrohliche Belastungen durch Rüstungswettlauf, militärische Interventionen und ideologischen Kampf abbaut. In seiner UNO-Rede vom Dezember 1988 hat *Gorbatschow* die Einsicht verdeutlicht, daß es innerstaatliche Aufgaben und Probleme gibt – und zwar immer mehr –, die nur noch transnational und im globalen Rahmen zu lösen sind, beispielsweise Fragen des Umweltschutzes, der Drogen, von Aids, Terrorismus und andere mehr. Zur Veränderung der sowjetischen Politik kommt also die grundlegende Neubestimmung der sowjetischen Außenpolitik hinzu.

Angesichts der inneren Reformbedürfnisse der Sowjetunion konnte es nicht überraschen, daß die neue sowjetische Führung auch ein „neues Denken", wie sie selbst sagt, in der Außenpolitik einleitete. Dieses „neue Denken" spiegelt sich einerseits in der schonungslosen Kritik der Außenpolitik *Breschnews* und *Gromykos* wider. Heute werden sowohl die Invasion in Afghanistan als auch die Aufstellung der SS 20 öffentlich als Beispiele für eine „in Zielen und Methoden verfehlte Außenpolitik" kritisiert.

Andererseits werden jetzt außenpolitische Doktrinen wie die „*Breschnew*-Doktrin" als „gegenstandslos" bezeichnet und die „Rechtmäßigkeit von Befreiungskriegen" und von „Gewaltanwendung" in Frage gestellt. Außenminister *Schewardnadse* interpretiert die Doktrin von der

„friedlichen Koexistenz" neu, wenn er feststellt, daß „der Kampf der beiden entgegengesetzten Systeme ... nicht länger die bestimmende Tendenz der modernen Epoche darstelle".

Die sowjetische Außenpolitik ist berechenbar wie nie zuvor

Dieses „neue Denken" in der sowjetischen Außenpolitik folgt aber nicht nur den Gesetzen der inneren Reformpolitik. Ich bin davon überzeugt, daß es zugleich auch das Ergebnis von internationalen Prozessen ist, deren Wirkungen sich selbst eine Weltmacht wie die Sowjetunion nicht entziehen kann:

☐ Das bipolare System der beiden Weltmächte als Ergebnis des Zweiten Weltkriegs erweitert sich in immer stärkerem Maße zu einem multipolaren Beziehungsgeflecht, in das potentielle Weltmächte von morgen wie Japan, China und Indien ihr wachsendes Gewicht einbringen.

☐ Die drei größten und dynamischen Wirtschaftszonen — Nordamerika, der ostasiatisch-pazifische Raum und Westeuropa — entwickeln sich nicht nur zu neuen Kräftefeldern der Weltwirtschaft, sondern auch zu bedeutenden Faktoren der internationalen Politik von heute und erst recht von morgen.

☐ Gleichzeitig muß die Sowjetunion erfahren, daß regionale Krisenherde, die brennenden Nord-Süd-Probleme und Entwicklungen wie der islamische Fundamentalismus nicht nur eine Herausforderung oder Bedrohung des Westens und der freien Welt darstellen, sondern auch Probleme für die Sowjetunion und ihre Verbündeten herbeiführen.

Aus diesen weltweiten Veränderungen und Prozessen, auf die Generalsekretär *Gorbatschow* immer wieder hinweist, haben er und Außenminister *Schewardnadse* mehrfach öffentlich die Schlußfolgerung gezogen, daß die Einstellung, die Sowjetunion könne so stark sein wie eine beliebige Koalition aus ihr gegenüberstehenden Staaten, „absolut haltlos" sei. Einer solchen Einstellung zu folgen, hieße, „klar den nationalen Interessen der Sowjetunion zuwiderzuhandeln". Ich halte dies für eine Schlüsselaussage der gegenwärtigen sowjetischen Außenpolitik.

In diesen Rahmen passen der Abzug der sowjetischen Truppen aus Afghanistan und die Bereitschaft, gemeinsam mit den USA regionale

Krisenherde einzudämmen und Regelungen auf dem Verhandlungswege anzustreben. In diesen Rahmen passen die diplomatische Offensive der Sowjetunion zur Normalisierung der Beziehungen mit der Volksrepublik China, mit Japan und mit Indonesien sowie der Ausbau der Zusammenarbeit mit Indien und anderen Ländern im asiatisch-pazifischen Raum bis nach Australien und in Lateinamerika. In diesen Rahmen passen die sowjetischen Versuche der Annäherung an den Iran, an Ägypten und Israel. In diesen Rahmen gehört die sowjetische Idee vom „gemeinsamen europäischen Haus" als Antwort auf die neue Dynamik, die im freien Europa durch das Ziel des Binnenmarkts ausgelöst wurde.

Das heißt als Schlußfolgerung: Die innenpolitischen Reformnotwendigkeiten und die weltpolitischen Veränderungen tragen in gleicher Weise dazu bei, daß die sowjetische Führung ihr Land öffnen muß, Autarkiebestrebungen abschwört, internationale Zusammenarbeit sucht, um vielleicht letzten Endes selbst eigene „Koalitionen" anzustreben. Dieses Ziel könnte vorrangig an die Adresse der Europäer gerichtet sein.

Eine neue Bewährungsprobe für Europa

Wenn wir die Perspektiven der West-Ost-Beziehungen diskutieren, heißt das, ihre Wechselwirkung zu all diesen vorgenannten Entwicklungsprozessen in West und Ost zu erkennen und in Rechnung zu stellen, daß bestimmte Rahmenbedingungen gegeben sein müssen, in denen sich die West-Ost-Beziehungen insgesamt entwickeln können:

☐ Das Verhältnis beider Weltmächte zueinander wird auf absehbare Zeit seine Schlüsselfunktion für die zukünftige Gestaltung der West-Ost-Beziehungen behalten. Das Verhältnis der Weltmächte zueinander bestimmt noch immer und in entscheidender Weise den Bewegungsspielraum der kleinen und mittleren Staaten West- und Osteuropas – nicht nur im Hinblick auf das Ausmaß, in dem sie ihre Beziehungen zur Führungsmacht der Gegenseite entwickeln können, sondern auch im Hinblick auf die Gestaltung ihrer Beziehungen untereinander. Wir haben dies beispielsweise 1984/85 unmittelbar verspürt, als Generalsekretär *Honecker* und Präsident *Schiwkow* ihre Besuche in Bonn kurzfristig verschoben und der politische Dialog auf höchster Ebene fast gänzlich zum Erliegen kam. Erst die Gipfeldiplomatie brachte neue Dynamik. Deshalb wird es gerade auch unsere Aufgabe sein müssen, auf beide

Weltmächte einzuwirken, die in der Schlußphase von Präsident *Reagan* erreichte Dynamik aufrechtzuerhalten und mit dem Ziel von weiteren Ergebnissen fortzuführen.

☐ Der innere Reformprozeß in der Sowjetunion bleibt ein wesentlicher Faktor für zukünftige Verständigung und Zusammenarbeit zwischen West und Ost. Wir müssen deshalb ein zentrales Interesse daran haben, daß sich dieser Reformprozeß in die richtige Richtung fortsetzt. Dabei kann es uns nicht darum gehen, *Gorbatschow* „zu helfen", wie es oft heißt. Schon die Wortwahl – „Müssen wir *Gorbatschow* helfen?" – ist weder dem Selbstverständnis einer Weltmacht noch der Würde eines großen Staates wie der Sowjetunion angemessen. Wichtig bleibt vielmehr unsere Bereitschaft zum Dialog und zur Zusammenarbeit, wann und wo immer sie sich anbietet und den Interessen beider Seiten entspricht. Eine Einmischung in die inneren Verhältnisse lehnen wir ab. Sie wäre auch mit Sicherheit falsch.

☐ Die sowjetische Reformpolitik hat unmittelbare Auswirkungen auf die anderen Staaten des Warschauer Pakts in Mittel- und Südosteuropa, aber die Reformprozesse in den Warschauer Pakt-Staaten können auch nach Moskau zurückwirken. Das heißt, der Erfolg der mutigen und fortschrittlichen Reformen in Ländern wie Polen und Ungarn, aber auch die Fortentwicklung der Reformanfänge in Bulgarien und in der ČSSR – die nach Aussagen von Politikern beim bevorstehenden ZK-Plenum grundlegende Reformschritte sowohl im ökonomischen als auch im politischen Bereich einleiten will – hängen nicht nur von der Einsicht, der Klugheit und dem Augenmaß der Verantwortlichen ab, sondern auch von der Bereitschaft der Westeuropäer zur Zusammenarbeit. Das heißt, von uns im Westen sind jetzt Einsicht wie Weitsicht, sind Klugheit wie Augenmaß gefordert, wahrscheinlich auch ein Stück mehr Mut zum Risiko. Dabei geht es weder darum, einer Euphorie zu huldigen, noch darum, eigene Interessen oder gar Sicherheitsinteressen zu vernachlässigen. Es gibt jedoch keinen Zweifel, daß die Balance stimmen muß.

☐ Die letzten Jahre haben erneut bewiesen, daß die West-Ost-Beziehungen nicht auf einige wenige Bereiche oder gar auf nur einen Bereich eingeengt werden dürfen. Weder stimmt das Argument, daß die Politik der Wirtschaft folgt – das Gegenteil ist aus meiner Erfahrung richtig –, noch können beispielsweise Ergebnisse in der Abrüstungs- und Rüstungskontrolle erzielt werden, wenn die politischen Beziehungen auf Eis liegen. Erst die Gipfeldiplomatie hat Abrüstungsergebnisse ermöglicht, und nicht umgekehrt. Das Jahr 1983 war das beste Beispiel dafür.

Gegenseitiges Vertrauen als unverzichtbare Grundlage für Abrüstungsergebnisse kann nur wachsen, wenn sich die Beziehungen in allen Bereichen und auf allen Ebenen entwickeln. Genau dies haben Bundeskanzler *Kohl* und seine Regierung immer angestrebt.

Die KSZE-Schlußakte von Helsinki, die Schlußdokumente von Madrid und jetzt von Wien und der KSZE-Prozeß in allen seinen Facetten bieten geeignete, bereits vereinbarte und sich immer häufiger bewährende Strukturelemente. Wir müssen sie – in West wie Ost – gemeinsam nutzen.

☐ Ein letzter Faktor für die Perspektiven der West-Ost-Beziehungen bleibt auch in Zukunft das Recht aller Europäer auf gleiche Sicherheit. Die Sicherheitsbedürfnisse des einen dürfen nicht zu Lasten eines anderen gehen.

Die „Schlüsselrolle" der Bundesrepublik Deutschland

Die Agenda für Abrüstung und Rüstungskontrolle ist bekannt. Sie ist umfassend, obgleich sie sicherlich den einen oder anderen Bereich noch einbeziehen muß. Ziel dieser Verhandlungen muß sein, die Sicherheit für alle Beteiligten zu vergrößern, den Frieden zu stabilisieren und die erforderlichen militärischen Mittel auf allen Seiten auf das notwendige Mindestmaß zu begrenzen.

Generalsekretär *Gorbatschow* hat in seinen Gesprächen mit Bundeskanzler *Kohl* von einer „Schlüsselrolle" der Bundesrepublik Deutschland gesprochen. Diese Schlüsselrolle gilt sicherlich in vielerlei Hinsicht. Ich erinnere an die Rolle der Bundesrepublik im Zusammenhang mit dem Doppelbeschluß der NATO, an unsere Rolle in den INF-Verhandlungen und die damit verbundene Entscheidung des Bundeskanzlers, auf die deutsche Pershing Ia zu verzichten. Ich erinnere auch an die beiden deutschen EG-Präsidentschaften, 1983 und 1988. Beide führten zu substantiellen Fortschritten in der Gemeinschaft – nach Meinung von Kommissionspräsident *Delors* zu mehr als in den ganzen zehn Jahren zuvor. *Delors* hat den Europäischen Gipfel im Juni 1988 in Hannover als „Symbol" der europäischen Integration bezeichnet.

Dennoch reichen das Gewicht und die Möglichkeiten der Bundesrepublik Deutschland nicht aus, allein eine „Schlüsselrolle" in Europa zu übernehmen. Wir wären auch nicht klug beraten, eine solche Rolle zu beanspruchen oder anzustreben – übrigens auch keiner unserer Partner, wenn er sich darauf einrichten würde. Bundeskanzler *Kohl* hat deshalb in seiner Regierungserklärung von 1987 Frankreich eine gemeinsame Außenpolitik und im Januar 1988 eine gemeinsame Ostpolitik angeboten. Diese Politiken könnten der Grundstein für eine gemeinsame außen- und sicherheitspolitische Strategie der Europäischen Gemeinschaft sein, wie sie in der Einheitlichen Europäischen Akte vom 1. Juli 1987 erstmals skizziert ist – ebenfalls aufgrund einer gemeinsamen Initiative zwischen Paris und Bonn.

Gewiß: Wir haben noch einen sehr weiten Weg vor uns. Würden wir jedoch das Ziel einer gemeinsamen außen- und sicherheitspolitischen Strategie der Europäischen Gemeinschaft erreichen, dann wäre eine solche Gemeinschaft viel mehr als heute geeignet, internationale Verantwortung zu übernehmen und ein ebenbürtiger Partner beider Weltmächte zu sein. Auf diese Weise könnten wir ein stabilisierender Faktor in den West-Ost-Beziehungen werden, und zwar für beide Seiten.

Probleme der Marktgestaltung in der UdSSR

Nikolaj Ja. Petrakow

Interdependenz von Politik und Wirtschaft
Das Kokettieren mit dem Markt endet meist in Inflation
Befreiung von der bedrückenden Militärdoktrin
Technologischer Rückstand, Investitionen und Erwartungen an Gemeinschaftsunternehmen
Veränderung der paradoxen Devisenverteilung
Konvertibilität des Rubel
Dezentralisierung und Demokratisierung der Investitionspolitik

Die Wirtschaftsreformen in der Sowjetunion zielen darauf ab, die Effizienz der Volkswirtschaft zu erhöhen. Das ist eine große Aufgabe. Ihre Lösung sieht man gegenwärtig in einer möglichst umfassenden Anwendung marktwirtschaftlicher Methoden zur Regulierung und Organisation der Produktion.

Ich werde in der gebotenen Ausführlichkeit einige Probleme darstellen, die sich bei der Marktgestaltung in der Sowjetunion ergeben. Als Nationalökonom werde ich mich vor allem, aber nicht nur, mit den ökonomischen Fragen der Perestrojka befassen.

Interdependenz von Politik und Wirtschaft

Herr *Teltschik* hat zu Recht darauf verwiesen, daß in der Sowjetunion gegenwärtig politische und wirtschaftliche Faktoren eng miteinander verflochten sind. Ich möchte auf diese Interdependenz nachdrücklich hinweisen. Wenn der politische Kurs *Gorbatschows* erhalten bleibt, dann wird es uns gelingen, ein marktwirtschaftliches System mit Elementen der Regulierung durch den Plan zu schaffen. Andererseits gilt aber auch: Nur wenn ein Markt geschaffen wird, kann der politische Kurs *Gorbatschows* unumkehrbar werden. Ganz offensichtlich besteht eine dialektische Einheit zwischen Politik und Wirtschaft.

Bekanntlich hat der Marxismus – und das gilt insbesondere für den sowjetischen Marxismus – den Markt immer mit gemischten Gefühlen betrachtet. Die Einschätzung von Plan und Markt hat in der sowjetischen Wirtschaftswissenschaft in den vergangenen siebzig Jahren immer wieder einmal große Veränderungen erfahren. Für die Gegenwart kann man sagen, daß die grundlegenden ideologischen Barrieren und Dogmen, die die Entwicklung des rationalen ökonomischen Denkens behindert haben, beseitigt sind. Erst uns ist nun der Blick frei geworden für die rein praktischen Probleme und Fragen des Wirtschaftens. Erst heute fragt man in der Sowjetunion: Auf welche Weise kann man eine marktwirtschaftliche Situation schaffen? Wie können Marktmechanismen in das System der sozialistischen Wirtschaft eingefügt werden?

Das Kokettieren mit dem Markt endet meist in Inflation

Alle sozialistischen Länder, die versucht haben, Marktmechanismen in ihr Wirtschaftssystem einzufügen, haben sich alsbald einem oft drastischen Preisanstieg gegenübergesehen. Das trifft beispielsweise für Jugoslawien zu, aber auch für Polen, Ungarn und China.

Es entsteht somit die Frage: Kann man bei der Einführung eines marktwirtschaftlichen Systems auf irgendeine Weise diesen explosionsartigen Preisanstieg vermeiden? Oder besteht eine fatale Geselligkeit zwischen Marktwirtschaft und Inflation? Für uns ist dies die gegenwärtig wichtigste Frage. Mit ihr befassen sich in der Sowjetunion Wirtschaftswissenschaftler wie auch Praktiker aus dem Wirtschaftsleben.

Nun muß man allerdings feststellen, daß sich die Preissteigerungen in der Sowjetunion in ganz eigentümlichen Formen vollziehen. Viele Jahre lang glaubte die Regierung, daß das einzige Mittel zur Bekämpfung der Inflation in einer strengen staatlichen Kontrolle der Preise besteht. Man kontrollierte dementsprechend die Preise und vernachlässigte dabei die Kontrolle der Einkommen. Ja, das zentralistische System der Verwaltung führte sogar dazu, daß die Einkommen oft ganz unabhängig von der Produktivität der Arbeit wuchsen.

Ursache hierfür war vor allem, daß Fehler der Planungsorgane vielfach durch Zahlungen an die dann unwirtschaftlich arbeitenden Betriebe ausgeglichen wurden. Noch heute fließen aus dem Staatshaushalt mehr als elf Milliarden Rubel jährlich allein an Industrieunternehmen. Darüber hinaus wurden und werden Planungsfehler aber auch durch besonders günstige Kredite der Staatsbank „korrigiert".

Abgesehen von solchen Methoden, die die Kontrolle der Preise konterkarieren, ist es aber auch nicht gelungen, die Preiskontrolle selbst wirklich strikt durchzuführen. Das hängt in erster Linie damit zusammen, daß sich der Produktionsapparat zur Herstellung von Konsumgütern ziemlich rasch erneuert, aber auch damit, daß das Konsumgütersortiment sehr umfangreich und differenziert ist. Es ist geradezu unmöglich, alle Preise in der erforderlichen Weise zentral zu kontrollieren. Die Regierung kann die Kalkulationsgrundlagen der Unternehmen einfach nicht hinreichend genau überprüfen. Das Feilschen zwischen Regierung und Betrieben um notwendige oder unvermeidbare Preisanpassungen endet in aller Regel mit einem allgemeinen Preisanstieg. Lediglich im Bereich der Rohstoffe läßt sich dieser Preisanstieg wirksam zügeln. Die Zahl der

Rohstoffe ist naturgemäß begrenzt. Zudem verfügen Rohstoffe über standardisierte Eigenschaften. Die staatliche Kontrolle der Rohstoffpreise stellt somit keine besonderen Schwierigkeiten dar.

Überraschenderweise sind trotz der nicht sonderlich wirksamen Preiskontrolle die Preise in der Sowjetunion einigermaßen stabil. Doch was besagt das schon? Zum ökonomischen Gesamtbild gehört eben auch, daß die Einkommen schnell gewachsen sind und daß eine Disproportionalität zwischen den Geldeinkommen und der Summe der Güterpreise besteht. Es existiert ein immenser Bestand an überschüssigem Geld, an Geld, das auf dem Markt keine Waren finden kann.

Nach offiziellen Schätzungen beläuft sich dieser Geldüberschuß zur Zeit auf siebzig Milliarden Rubel. Siebzig Milliarden Rubel nicht befriedigte Nachfrage der Bevölkerung sind ein gewaltiger Betrag; es sind ungefähr zwanzig Prozent des Wertes aller Warenverkäufe eines Jahres, die gesamten Warenumsätze in der Sowjetunion von zweieinhalb Monaten.

Geld, das keine Waren finden kann, drückt auf den Markt. Auf einem freien Markt würde das unweigerlich zum Anstieg der Preise führen. Wer also den Preisindex für die Sowjetunion betrachtet, muß berücksichtigen, daß dieser Index erstens nicht realistisch ermittelt ist und daß zweitens nicht alles Geld auf dem Markt erscheint, weil das Warenangebot eng begrenzt ist. Nach meinen Berechnungen beträgt die Inflationsrate in der Sowjetunion gegenwärtig ungefähr sieben Prozent. Auch das ist keine sehr hohe Inflationsrate. Wir könnten mit ihr fertig werden, wenn wir eine rationale Wirtschaftspolitik auf dem Gebiet der Staatsausgaben betreiben würden.

Befreiung von der bedrückenden Militärdoktrin

Hier stoßen wir auf ein weiteres großes Problem, auf das Problem des Haushaltsdefizits. Gegenwärtig beträgt das Defizit im Staatshaushalt der UdSSR ungefähr hundert Milliarden Rubel. Das sind 21 Prozent aller Einnahmen des Haushalts und 11 Prozent des Bruttosozialprodukts.

An und für sich wäre ein solches Haushaltsdefizit keine große Gefahr. Aber zu den Eigentümlichkeiten sozialistischer Gesellschaften gehört, daß der staatliche Sektor der wichtigste Sektor der Wirtschaft ist: Die größte Menge der Ressourcen fließt über den Staatshaushalt. Wenn der

Staatshaushalt ein Defizit aufweist, dann zeugt das von einer Krise der Wirtschaft insgesamt.

Der Grund für das gigantische Haushaltsdefizit liegt vor allem in Fehlern, die die Regierung in früheren Jahren begangen hat. Herr *Teltschik* hat schon auf die fehlerhafte Militärdoktrin hingewiesen. Sie hat die Wirtschaft unseres Landes immens belastet. Wenn militärische Parität, wenn ein gleiches Rüstungsniveau angestrebt wird, dann führt das beim Niveau unserer Arbeitsproduktivität – die nur etwa sechzig Prozent der amerikanischen beträgt – unweigerlich dazu, daß die zivile Industrie geschwächt werden muß.

Gorbatschow und unsere Führung haben die Militärdoktrin der Sowjetunion jetzt grundlegend geändert. Sie gehen vom Prinzip der Angemessenheit der Rüstung aus und haben mit der Verminderung der Rüstung und der Umstellung der Rüstungsindustrie begonnen. Natürlich ist das ein langwieriger Prozeß. Unglücklicherweise erfordert er zunächst auch noch zusätzliche Mittel, denn die Umstellung von Rüstungsbetrieben auf die Produktion von zivilen Gütern ist in der Regel kompliziert und kostenaufwendig. In Panzerfabriken können zwar ohne weiteres Traktoren hergestellt werden. Aber was sollen wir mit Traktoren? Fahrzeuge dieser Art haben wir schon mehr als genug. Also müssen Rüstungsbetriebe irgendwelche anderen Produktionen aufnehmen. Das erfordert ansehnliche zusätzliche Investitionen.

Ich persönlich glaube, daß die wichtigste ökonomische Wirkung, die durch Abrüstung und Verminderung der Armee herbeigeführt wird, in der Umleitung arbeitender Hände und Köpfe auf zivile Produktionsbereiche besteht. Viele Jahre lang wurden bei uns die fähigsten Ingenieure von der Rüstungsindustrie angezogen. Zudem bestanden strikte Geheimhaltungsvorschriften, so daß aus dem militärischen Bereich kaum Informationen und Innovationen in die zivile Wirtschaft fließen konnten. Für die Allgemeinheit nützliche Erfindungen in Rüstungsbetrieben wurden automatisch zu Staatsgeheimnissen erklärt, auch wenn sie für das Militär ohne Bedeutung waren. Die Beseitigung dieser Barrieren wird einen wichtigen Impuls zur Beschleunigung der zivilen Produktion darstellen.

Die Reduzierung der Armee bringt vor allem auch einen Zustrom von arbeitenden Händen in die Landwirtschaft. Momentan findet bei uns eine Plenarsitzung des Zentralkomitees der KPdSU über landwirtschaftliche Fragen statt. Man beabsichtigt, grundlegende Schritte zur Demokratisierung des wirtschaftlichen Lebens auf dem Lande zu unternehmen. Dabei geht es unter anderem darum, die demographische Zusammensetzung der ländlichen Bevölkerung zu verbessern. Die Landbevölkerung besteht derzeit überwiegend aus älteren Menschen, weil die Jugend in Scharen das Land verläßt und in die Städte geht.

Wir werden uns in Kürze Gedanken darüber machen müssen, wie man jungen Leuten Vergünstigungen einräumen kann, damit sie auf dem Lande bleiben. Man könnte sie beispielsweise vom Militärdienst befreien. Das wäre ein sehr interessantes gesellschaftliches Experiment, das die demographische Situation unserer Landwirtschaft entscheidend verbessern würde.

Technologischer Rückstand, Investitionen und Erwartungen an Gemeinschaftsunternehmen

Ein ernstes Problem für den Staatshaushalt in der UdSSR stellen die ehrgeizigen Investitionsprojekte dar, die die Regierung im Laufe der letzten Jahrzehnte verwirklicht hat. Sie haben ungeheure Kapitalmengen verschlungen, aber keine wirtschaftlichen Effekte gezeitigt – oder sie werden diese erst nach Jahren zeitigen. Als Beispiele für solche Projekte können ostsibirische Wasserkraftwerke genannt werden oder die Eisenbahnlinie Baikal-Amur, die durch dünn besiedelte Gebiete führt, aber gewaltige Mittel verschlungen hat.

Unter dem Druck der Öffentlichkeit hat sich die Regierung inzwischen von einer ganzen Reihe solcher ehrgeizigen Projekte getrennt. Es gibt also einigen Grund zu Optimismus. Beispielsweise wurde das Projekt aufgegeben, Flüsse vom Norden in die südlichen Gebiete des Landes umzuleiten. In wirtschaftlicher Hinsicht wäre das völliger Unsinn gewesen. Bei der Diskussion dieses Projektes wurden zwar im wesentlichen immer nur ökologische Gesichtspunkte vorgebracht, aber das Entscheidende ist: Die Verwirklichung dieses Projekt wäre für die sowjetische Wirtschaft absolut tödlich gewesen.

Freilich scheint es in der Natur von Wirtschaftsbürokratien zu liegen, daß sie wieder und wieder auf Großprojekte zurückgreifen – auf Projekte, die wir aufgrund des finanziellen Zustandes unserer Volkswirtschaft nicht verwirklichen können und darum auch nicht in Angriff nehmen dürfen. Solche gigantischen Projekte tauchen jedoch immer wieder auf, und gegenwärtig sind es vorwiegend ausländische Firmen, die hierbei ihre Hilfe anbieten. So wird momentan der Bau eines riesigen petrochemischen Komplexes im Gebiet von Tjumen erörtert. Das Projekt würde von der Sowjetunion in den nächsten zehn bis zwölf Jahren Ausgaben in Höhe von etwa 45 Milliarden Rubel erfordern; der wirtschaftliche Nutzen würde sich jedoch erst nach dem Jahre 2000 einstellen. Ich glaube – und das ist meine persönliche Meinung –, auch wenn dieses Projekt in technischer Hinsicht einwandfrei zu realisieren wäre, dürfte es im gegenwärtigen Zeitpunkt aus ökonomischen Überlegungen nicht in Angriff genommen werden.

Bei der Betrachtung des Staatshaushalts der UdSSR dürfen einige außergewöhnliche Belastungen nicht vergessen werden. So haben beispielsweise einige Unglücksfälle hohe Kosten verursacht. Die Havarie von Tschernobyl hat bisher rund acht Milliarden Rubel gekostet. Die Aufwendungen in Zusammenhang mit dem Erdbeben in Armenien werden ebenfalls auf rund acht Milliarden Rubel geschätzt. Durch den Verfall der Weltmarktpreise für Erdöl haben wir immense Verluste erlitten. Zudem mußten in den letzten drei Jahren aufgrund der Beschränkung des Verkaufs von alkoholischen Getränken Einnahmeausfälle in Höhe 36 Milliarden Rubel hingenommen werden. Das waren natürlich schwere Einbußen für den Staatshaushalt. Aber sie haben den Kampf um die Verminderung der Staatsausgaben und die Herabsetzung des Haushaltsdefizits nur noch dringlicher gemacht.

Ich glaube, daß der hauptsächlichste Impuls für die Belebung der sowjetischen Wirtschaft aus der größeren Öffnung gegenüber der westlichen Welt und der Einbeziehung der Sowjetunion in das weltwirtschaftliche System erwartet werden kann. Wir haben begonnen, uns mit diesen wichtigen Frage zu befassen und einige Schritte in diese Richtung zu tun.

Wir versuchen, Gemeinschaftsunternehmen mit westlichen Firmen zu gründen. Wir errichten offene Wirtschaftszonen mit beträchtlichen Vergünstigungen für westliches Kapital. Zur Zeit versuchen wir, eine große freie Wirtschaftszone im Fernen Osten zu schaffen. Hier setzen wir natürlich insbesondere auf japanische Firmen, obgleich wir mit Japan politische Probleme haben, die mit strittigen Gebietsansprüchen im Bereich der Kurilen-Inseln zusammenhängen. Unsere politische Führung hat jetzt einen Dialog mit der japanischen Regierung über dieses territoriale Problem eingeleitet. Es besteht Hoffnung, daß das Problem gelöst wird, zumindest sollte es aber kein Hindernis mehr für die Entwicklung wirtschaftlicher Kontakte zwischen der Sowjetunion und Japan darstellen.

Derzeit beraten wir auch längerfristig wichtige Fragen, die weit über die Errichtung freier Wirtschaftszonen im geographischen Sinne hinausgehen. Es geht um die Schaffung freier Sektoren in der Wirtschaft. Solche freien Sektoren könnten zum Beispiel die Verarbeitung von Holz oder die Herstellung von Stoff aus Leinen oder die rundfunktechnische Industrie sein. Eine offene Wirtschaftszone – so denken wir – muß nicht unbedingt geographisch abgegrenzt sein. Sie kann auch durch einen technologischen Prozeß definiert und folglich ein offener Sektor sein.

Veränderung der paradoxen Devisenverteilung

All das scheinen mir jedoch nur erste Schritte. Die wichtigste Frage der Veränderung der Wirtschaftspolitik in der Sowjetunion und ein realer Schritt zur Offenheit der sowjetischen Wirtschaft ist der Übergang zur Konvertibilität der sowjetischen Währung. Nach meiner Meinung müssen wir allen internationalen Währungsorganisationen beitreten und einen realistischen Kurs für den Rubel festsetzen, also nicht den Kurs verteidigen, der zur Zeit gilt.

Darüber hinaus müssen wir eine Reform der Preisbildung durchführen. Dabei geht es um zwei Sachverhalte:

☐ zum einen um eine freiere Preisbildung, wie sie für Marktwirtschaften charakteristisch ist,

☐ zum anderen – und das hängt mit dem ersten Punkt zusammen – um eine Annäherung der Binnenmarkt- an die Weltmarktpreise. Hier bestehen noch viele Probleme.

Eines dieser Probleme ist, daß ein innerer Devisenmarkt in der Sowjetunion geschaffen werden muß. Dabei gilt es, einer Besonderheit der sowjetischen Außenwirtschaft Beachtung zu schenken. Im Gegensatz zu anderen Ländern Osteuropas und zu China verdient die Sowjetunion ziemlich viele ausländische Devisen. Wir haben zwar durch den Verfall der Erdölpreise große Verluste erlitten, aber dennoch haben wir einen hinreichend entwickelten Export, und unsere Devisenreserven sind dementsprechend umfangreich. Es ist eine andere Frage, daß diese Devisen im wesentlichen durch den Verkauf von Rohstoffen erworben wurden. Gewiß mag diese Art der Exporterlöse keine besonders würdige Quelle für ein entwickeltes Industrieland sein. Wie dem auch sei: Geld riecht nicht, und verdientes Geld ist es allemal.

Leider ist die Verteilung dieser Devisen im Inneren der Sowjetunion völlig unzureichend gelöst. Im Bereich der Devisen besteht eine strikte zentralisierte Bewirtschaftung. Zwar wurden einige Schritte unternommen, um Unternehmen einen Teil der Devisen, die sie auf westlichen Märkten verdienen, zu belassen und ihnen zu gestatten, diese nach eigenem Ermessen auszugeben. Aber viel konnte damit nicht erreicht werden. Erstens sind die Beträge minimal. Vor allem aber wird bei diesem Vorgehen vorausgesetzt, daß Unternehmen, die Devisen benötigen, auch auf dem Außenhandelsmarkt tätig sind, somit also etwas auf westlichen Märkten verkaufen und dafür Devisen einnehmen. Bei uns gibt es jedoch viele Betriebe, die dringend technische Umrüstungen durchführen sollten und hierzu Ausrüstungen und Technologien im Westen beschaffen müßten. Oft handelt es sich dabei um Betriebe, die auf dem sowjetischen Binnenmarkt große Umsätze tätigen, also reich sind. So ist zum Beispiel unsere Automobilindustrie auf westlichen Märkten überhaupt nicht konkurrenzfähig, aber sie stellt den reichsten Industriezweig in der Binnenwirtschaft dar.

Ich bin der Meinung, daß man solchen Industriezweigen die Möglichkeit bieten muß, auf dem Binnenmarkt – bei der Gosbank oder beim Ministerium der Finanzen – westliche Devisen nach einem freien Kurs zu kaufen. Auf diese Weise könnten wir einen realistischen Kurs des Rubel bilden. Gegenwärtig gehen wir allmählich zu einem System der Devisenversteigerung über. Aber das sind nur erste Schritte zur Schaffung eines inneren Devisenmarktes in der Sowjetunion. Es muß mehr geschehen.

Konvertibilität des Rubel

Ein freier Devisenmarkt ist in erster Linie für die Heranziehung westlichen Kapitals erforderlich. Die Verhandlungen über die Schaffung von Gemeinschaftsunternehmen zeigen, daß das Hauptproblem der westlichen Partner in der Verwendung der Gewinne besteht. Was soll ein Unternehmer mit Gewinnen tun, die in sowjetischer Währung erzielt werden? Wenn ein Gemeinschaftsunternehmen für den inneren Markt der Sowjetunion arbeitet, fallen die Gewinne unweigerlich in Rubel und Kopeken an. Was kann der westliche Partner damit anfangen?

Dieses Problem wird zur Zeit auf recht künstliche Weise gelöst, hauptsächlich auf der Basis von Naturallieferungen, etwa von Erdöl oder Holz. Das ist keine echte Lösung des Problems. Eine echte, wirtschaftlich vernünftige Lösung kann nur die Konvertierbarkeit des Rubel bringen.

Schließlich stehen wir noch vor dem Problem, eine radikale Währungsreform durchführen zu müssen. Mit großem Interesse studieren wir unsere eigenen historischen Erfahrungen, aber auch jene, die in anderen Ländern mit der Durchführung von Währungsreformen gewonnen wurden – etwa in Italien, Japan, aber auch in Deutschland.

Wir widmen den Arbeiten *Ludwig Erhards* besonderes Interesse. Mir scheint jedoch, daß in unserer konkreten Situation die deutsche Variante der Reform schwerlich verwirklicht werden könnte. Wir müssen wohl einen anderen Weg gehen – einen Weg, der zur Schaffung und zum zeitweiligen Nebeneinander von zwei parallelen Währungen führt. Das heißt, wir müßten irgendwelche Geldobligationen oder Devisen-Rubel ausgeben, die einen festen Kurs gegenüber westlichen Devisen und einen flexiblen Kurs gegenüber dem gewöhnlichen Rubel haben würden. Damit wäre es möglich, mit westlichen Partnern auf der Grundlage einer festen Währungsbasis zu rechnen. Darüber hinaus würde für sowjetische Unternehmen ein Anreiz geschaffen, diese harte Währung zu erlangen.

Besonders wichtig ist, daß das Auftauchen einer solchen zweiten Währung keinen Schock in der Bevölkerung auslösen kann. Wir haben zur Zeit ein Geldsystem, in dem rein formal gilt: Rubel gleich Rubel. Doch unser Rubel hat eine unterschiedliche Kaufkraft in den einzelnen Regionen des Landes und in den unterschiedlichen Produktionsbereichen. Die zentralisierte Verteilung der Ressourcen erlaubt es nicht, ein System mit landesweit einheitlicher Kaufkraft des Rubel zu schaffen.

Ich meine, dem Problem der Konvertibilität des Rubel muß im Laufe der nächsten Monate ein vorderer Rang in unseren wirtschaftspolitischen Erörterungen eingeräumt werden. Die Mehrzahl der sowjetischen Wirtschaftler stimmt darin überein, daß der sowjetische Rubel eine ganz normale Währung mit freier Konvertierbarkeit in andere Währungen sein muß. Die Diskussionen beißen sich dann meist an der Frage fest: Wann soll man die Konvertibilität herbeiführen? Soll man die erforderlichen Maßnahmen sofort ergreifen? Soll man warten, bis es uns gelungen ist, unser Wirtschaftssystem zu sanieren?

Viele meinen, daß ein konvertierbarer Rubel erst in zehn bis fünfzehn Jahren geschaffen werden könnte, wenn die Sowjetunion über ein schon gut funktionierendes neues Wirtschaftssystem verfügt. Ich bin demgegenüber der Auffassung, daß es in zehn bis fünfzehn Jahren kein neues Wirtschaftssystem geben wird, wenn wir nicht jetzt beginnen, einen realistischen Markt mit einem realistischen Währungssystem zu schaffen.

Dezentralisierung und Demokratisierung der Investitionspolitik

Ohne strikt durchgeführte Reformen wird die Perestrojka in der Wirtschaft einschlafen; in zehn bs fünfzehn Jahren würde sich dann keiner mehr an sie erinnern. Um die erforderlichen Reformen durchzuführen, genügt es jedoch auch nicht, die Aufmerksamkeit nur auf Finanz- und Währungsfragen zu lenken, so wichtig diese Probleme auch sein mögen.

Das wichtigste bei der Schaffung eines Marktes ist die Beseitigung des staatlichen Investitionsmonopols. Den Betrieben wurden zwar in den vergangenen Jahren schon größere Freiheiten in ihrer laufenden Wirtschaftätigkeit eingeräumt. Einige Unionsrepubliken sind hierbei zügig und entschlossen vorangegangen. Aber bei den Kapitalinvestitionen besteht die Zentralisierung unvermindert fort. In unserer Führung wächst erst allmählich das Verständnis, daß dies nicht so bleiben kann. Wir müssen einen Kapitalmarkt schaffen, nicht nur einen Warenmarkt. Wir müssen eine Vielzahl von Investoren haben, die autonom, das heißt unabhängig von der Regierung, agieren können.

Vor wenigen Tagen ist der Entwurf eines Gesetzes über die Demokratisierung der regionalen Verwaltung veröffentlicht worden. Gewiß wird er noch viel Kritik und viele Kritiker finden, zumal Fragen der regionalen Autonomie in der Sowjetunion derzeit sehr große und heiß umstrittene Probleme darstellen. Mit diesem Gesetz sollen vor allem den Unionsrepubliken größere Rechte eingeräumt werden. Dies verdient auch in investitionspolitischer Hinsicht Beachtung. Der Entwurf enthält nämlich als besonders wichtiges neues Element eine wesentliche Verstärkung der regionalen Finanzen und der Haushalte der Unionsrepubliken. Es wird vorgeschlagen, daß die Haushalte der Unionsrepubliken in ihrem Einnahmenteil um das Zwanzigfache steigen sollen. Das ist eine sehr bedeutsame Dezentralisierung der Investitionspolitik.

Doch das ist nicht alles. Wir reformieren derzeit auch das Bankensystem. Wir haben bereits mehrere staatliche Banken gegründet und damit das Duopol beseitigt, das früher bestanden hat. Gewiß ist auch das nur ein Anfang. Wir entwickeln derzeit ein großes Netz kommerzieller Banken, die ihrem Wesen nach miteinander im Wettbewerb stehen müssen. Ferner wird ein System von Genossenschaftsbanken errichtet, die überhaupt keine formale Abhängigkeit von der Staatsbank haben.

Hier muß man natürlich große Vorsicht walten lassen, denn die Erfahrungen mit einem flexiblen Bankensystem sind in der Sowjetunion praktisch verlorengegangen. Ich würde es sehr begrüßen, wenn man in der Bundesrepublik nicht nur Kurse für Manager sowjetischer Industriebetriebe organisieren würde, sondern ebenso auch Schulungen für sowjetische Bankiers und Finanzfachleute, das um so mehr, als es in der Bundesrepublik Deutschland tatsächlich einiges zu lernen gibt – neben der soliden Finanzierung betriebswirtschaftlicher Projekte auch Techniken der staatlichen Finanzpolitik und geldpolitische Maßnahmen, mit denen es gelungen ist, den Wert der Deutschen Mark zu sichern.

Ein grundlegendes Element bei der Dezentralisierung des Investitionsprozesses und eine Voraussetzung für die Ausbildung eines Kapitalmarktes ist das Schaffen von Aktiengesellschaften. Die Arbeiten an den Gesetzen über die Aktiengesellschaften stehen vor dem Abschluß. Mit dieser Unternehmensform wird es möglich, finanzielle Mittel flexibel auf vorrangige Objekte zu konzentrieren. Darüber hinaus werden die Entscheidungen über Investitionen in Aktiengesellschaften in hinreichend demokratischer Weise vollzogen, statt durch administrative Organe der staatlichen Verwaltung. Ich meine, daß den Aktiengesellschaften in der sowjetischen Wirtschaft die Zukunft gehört.

Ich gründe diese Prognose auf einen mehr theoretisch-dogmatischen Umstand. Aktiengesellschaften sind auf kooperatives Eigentum gegründet. Dieser Umstand empfiehlt sie Theoretikern, die das sozialistische Eigentum für unbedingt erforderlich halten und die Reinheit sozialistischer Prinzipien verteidigen. Auf der anderen Seite schaffen Aktiengesellschaften Möglichkeiten für eine flexible und vernünftige Wirtschaftspolitik.

Wie gesagt, die Gesetzgebung über die Aktiengesellschaften wird zur Zeit vorbereitet. Eine der vielen Streitfragen dabei ist, ob der Verkauf von Aktien an westliche Unternehmer oder Finanziers zugelassen werden soll – eine sehr interessante Frage. Ich meine, daß sie positiv beantwortet werden muß. Aber ich will doch schnell ergänzen: Das ist ausschließlich meine persönliche Meinung. Für einige meiner Kollegen scheint eine solche Antwort nämlich außerordentlich revolutionär zu sein. Ich meine jedoch, daß schon die Diskussion über diese Fragen und die Tatsache, daß niemand mehr zweifelt, daß Aktiengesellschaften in der Wirtschaft der Sowjetunion einen bedeutenden Platz einnehmen müssen, ein gutes Vorzeichen und Signal dafür sind, daß wir in die richtige Richtung gehen.

Wir sind auf dem richtigen Weg; wir gehen in die richtige Richtung. So bleibt eigentlich nur noch die Frage: Wann kommen wir zum Ziel? Diese Frage stellt man mir oft. Man fragt mich, ob ich glaube, daß wir das Ziel erreichen werden, ob ich Pessimist oder Optimist sei. Ehrlich gesagt: Ich habe Schwierigkeiten, auf solche Fragen zu antworten. Wir befinden uns auf einem unübersichtlichen und steinigen Weg. Wenn ich nach vorn schaue und sehe, wie viele Probleme wir auf dem Gebiet der Wirtschaft noch lösen müssen, dann habe ich mit dem Pessimismus zu ringen. Wenn ich jedoch zurückschaue und sehe, welchen Weg wir schon zurückgelegt haben, dann bestärkt das meinen Optimismus.

Die Sowjetunion auf dem Weg zur Marktwirtschaft?

Alfred Schüller

Das Geheimnis marktwirtschaftlicher Effizienz ist die Wirtschaftsfreiheit

Die Ursachen der Systembeharrung in der UdSSR

Prinzipielle Erfordernisse für den Übergang zur Marktwirtschaft

Die unverzichtbaren Reformelemente

Umgestaltung kollektiver Eigentumsrechte: Wege und Irrwege

Prestrojka als „Vollendung" der „Neuen Ökonomischen Politik" Lenins?

Über indirekte Lenkung und diskretionären Dirigismus zur Marktwirtschaft?

Das Koordinationsdilemma bleibt ungelöst

Konsequenzen einer entschlossenen marktwirtschaftlichen Politik

Die Schatten der sozialistischen Ideologie überspringen!

Kredite und öffentliche Bürgschaften zur Stützung der Perestrojka?

Literatur

Befindet sich die UdSSR mit dem wirtschaftspolitischen Reformkurs „Perestrojka" auf dem Weg zur Marktwirtschaft? Wer wie *Gorbatschow* meint, daß die Internationalisierung der Wirtschaft, ja des gesamten gesellschaftlichen Lebens der Sowjetunion unabdingbar sei, um der ökonomischen und geistigen Verkümmerung zu entgehen, müßte alles daransetzen, um die für offene Handelsgrenzen notwendigen ordnungspolitischen Bedingungen im eigenen Land zu schaffen. Wer wie *Gorbatschow* unverhohlen an den Ergebnissen internationaler Marktprozesse Maß nimmt, müßte – um nicht einem Phantom nachzujagen – nach dem Prinzip handeln: „Wer schwimmen lernen will, muß ins Wasser gehen". Eifrige Trockenübungen reichen ebenso wenig aus wie forsches Anspritzenlassen (durch handverlesene Gemeinschaftsunternehmen) oder leichte Fußbäder (in Form marginaler Handlungsspielräume für Genossenschaften).

Das Geheimnis marktwirtschaftlicher Effizienz ist die Wirtschaftsfreiheit

Warum ermöglicht das Schwimmen im marktwirtschaftlichen Strom der Güter und Leistungen so attraktive ökonomische Ergebnisse? Das Geheimnis liegt nicht in Naturschätzen, im Arbeitspotential und Realkapital, auch nicht in der Technik, von der schon *Stalin* irrigerweise annahm, daß sie „alles entscheidet". Das Geheimnis liegt vielmehr in den freiheitsstiftenden Entscheidungs-, Anreiz- und Kontrollstrukturen der Marktwirtschaft und in ihrer Fähigkeit, die Knappheit der Güter des menschlichen Bedarfs in einer Weise zu mindern, durch die – wie *Schumpeter* es formuliert – „die Sphäre der politischen Entscheidung auf jenes Ausmaß reduziert werden kann, das mit Hilfe der Führungskonkurrenz bewältigt werden kann".

Es sei dahingestellt, ob *Schumpeter* recht hat, wenn er weiter meint, die moderne Demokratie sei historisch gleichzeitig mit dem Kapitalismus und im ursächlichen Zusammenhang mit ihm entstanden. Wir wissen inzwischen, daß autoritäre Regierungen auch nach marktwirtschaftlichen Prinzipien handeln können. Dabei beobachten wir, daß in dem Maße, in dem dies geschieht, das Verlangen nach und die Bereitschaft zu politischen Freizügigkeiten zunehmen. Kann dies auch unter der Herrschaft einer sozialistischen Einheitspartei vom Typ der KPdSU erwartet werden? Zumindest Ungarn und Polen lassen eine Entwicklung zum Mehrparteiensystem erkennen, die über die karikaturistische Form in den traditionellen Volksdemokratien hinauszugehen scheint.

Drei Fragen und einige Folgerungen aus den Antworten stehen im Mittelpunkt meiner Ausführungen:

☐ *Ludwig Erhard* stellte am 23. Juni 1947 fest: „Die Ablösung der Planwirtschaft durch eine Marktwirtschaft bietet die denkbar größten Schwierigkeiten". Warum gilt diese Aussage in verstärktem Maße für die UdSSR, falls hier eine solche Ablösung beabsichtigt sein sollte?

☐ Wie könnte der Übergang zur Marktwirtschaft in der UdSSR organisiert werden?

☐ Was hat der Reformkurs „Perestrojka" mit Marktwirtschaft zu tun?

Die Ursachen der Systembeharrung in der UdSSR

Die unbestrittene Basis der sozialistischen Ordnung in der Sowjetunion ist der Ausschluß des Parteienwettbewerbs mit dem Ziel, die politische Dominanz der KPdSU zu sichern und ihrem Führungsanspruch in Staat, Wirtschaft und Gesellschaft Geltung zu verschaffen. Als wichtigstes ökonomisches Instrument der Verwirklichung des Sozialismus gilt das rechtlich oder tatsächlich dominierende Staatseigentum an den Produktionsmitteln. Die inneren Anreiz- und Kontrolldefizite dieser Eigentumsform äußern sich überall in leistungsschwächenden und ressourcenverschwendenden Entscheidungsstrukturen mit nachhaltigen Schädigungen der Allgemeinheit. In der UdSSR ist daraus ein System organisierter Verantwortungslosigkeit entstanden. Schlendrian, Achtlosigkeit, Drückebergerei haben sich in allen Winkeln und Ritzen der Entscheidungs-, Anreiz- und Kontrollstrukturen festgesetzt.

Warum ist es bisher nicht gelungen, die inneren Anreiz- und Kontrolldefizite, die dem Staatseigentum anhaften, durch verstärkte äußere Anreize und Kontrollen zu kompensieren? Vier Gründe sind hierfür zu nennen:

☐ Es fehlt dem sowjetischen Wirtschaftssystem ein dem Marktsystem entsprechendes leistungsfähiges Verfahren, das die Entdeckung und Verwertung von Wissen in einem einheitlichen Rechnungszusammenhang ermöglicht und die Suche nach neuem Wissen laufend stimuliert. Der gesamte Wirtschaftsprozeß bewegt sich – wie auch der sowjetische

Ökonom *Schmeljow* feststellt – rechnungsmäßig in einem „Königreich der Zerrspiegel".

☐ Es fehlen die ordnungspolitischen (vor allem eigentumsrechtlichen) Voraussetzungen für wettbewerbliche Prozesse der Informationsverwertung. Dadurch verlieren sich die Anreize zur Wissensgewinnung und -nutzung in leistungsschwächenden und verschwenderischen Handlungen. Die Menschen können nicht dazu bewegt werden, im eigenen Interesse das zu tun, was zugleich auch zur bestmöglichen Befriedigung der Bedürfnisse der anderen Gesellschaftsmitglieder beiträgt.

☐ Für die wirtschaftspolitische Gestaltung der äußeren Anreize und Kontollen ist ein breites Spektrum von parteipolitischen und staatsbürokratischen Entscheidungsverfahren notwendig, um die dominierend durch zentrale Planauflagen bestimmte Produktion zu organisieren (siehe Abbildung 1). Die Folge ist eine weitgehende Politisierung und Bürokratisierung des Produktions- und Rechnungszusammenhangs. Diesem liegt ein Planungs- und Regulierungsverfahren zugrunde, das unweigerlich zu einer Pervertierung des Wettbewerbsprinzips führt: Die am Planungs- und Leitungsprozeß beteiligten zahlreichen Branchenministerien, zusammengefaßt im Ministerrat, und die sonstigen staatlichen Leitungsorgane streben – meist unter der Vorherrschaft des Parteiapparats – im eigenen Interesse nach Planungsmacht: durch erweiterte Kompetenzen und größere Budgets.

In den Grabenkämpfen der politischen und staatlichen Lenkungsinstanzen um die volkswirtschaftliche Planungs- und Leitungsmacht, in denen die Belange des Zentralplans und seine grundlegenden Prinzipien (Bilanziertheit, Proportionalität der Entwicklung) systematisch vernachlässigt werden, sind die Ministerien mit den jeweils besten Beziehungen zum Parteiapparat im Vorteil. Der Ressortegoismus äußert sich in hartnäckigen Koordinationsbarrieren. Diese werden bewußt zwischen den statusmäßig gleichgestellten Leitern und ihren Behörden errichtet, um zu verhindern, daß bei abteilungsübergreifenden Aufgaben eigene Zuständigkeiten und Ressourcen geteilt werden müssen oder gar abgezogen werden. Ähnliche Verhaltensweisen sind für die Leitungsebenen der Betriebe und Betriebsvereinigungen typisch. Das Ergebnis des Wettbewerbs der staats- und parteibürokratischen Apparate ist ein Konglomerat von planungsmächtigen Ministerien und Monopolbetrieben höheren und niederen Ranges. Schwerindustrie und Produzenten von Gütern für das Militär rangieren weit vorn. Aufstrebende Produktionsrichtungen und komplexe Neuerungsvorhaben werden systematisch unterdrückt.

☐ Um die Konfliktfelder zwischen den Ressorts notdürftig zu entschärfen, liegt der Ausweg in „weiche" Kompromißentscheidungen nahe. Die Folgen einer Verhandlungskoordination, bei der sich die Beteiligten das Staatseigentum in feudalistischer Manier anzueignen versuchen, ohne materiell zur Verantwortung gezogen werden zu können, sind extreme Erscheinungen der zurückgestauten Inflation und der Schattenwirtschaft in Form von Selbstversorgung und illegaler Erwerbstätigkeit.

Eine Bürokratie, die in enger Verfilzung von Politik, Militär und Wirtschaft über eine jahrzehntelang ausgeübte Herrschaft verfügt, hat viele Mittel, um „bedrohliche Reformen" zu sabotieren. Weil das politische Entscheidungsnetz über die Wirtschaft praktisch unbegrenzt ausgelegt ist, können auch effektive demokratische Bewegungen, selbst wenn sie zugelassen wären, schwerlich aufkommen.

Man mag *Gorbatschows* Kampagne gegen den Bürokratismus als der „Quelle der negativen Erscheinungen", als einem Hindernis für die beabsichtigten Reformen, als einem Bollwerk des Widerstands gegen die Perestrojka sympathisch finden. Ist sie aber wirklich ernst zu nehmen? Seit *Lenin* haben alle Sowjetführer den Kampf gegen den Bürokratismus kräftig verbalisiert. Bisher haben auch alle sowjetischen Reformen, wie *Wladyslaw Jermakowicz* in einer bemerkenswerten empirischen Studie feststellt, mit Maßnahmen begonnen, die beispielsweise den wirtschaftsleitenden Staatsorganen eine größere Unabhängigkeit von der Parteibürokratie sichern sollten. Das Ende war stets ein Machtzuwachs der Partei. Wie könnte der Partei die planungs- und lenkungswirtschaftliche Schlüsselgewalt entrissen werden? Meines Erachtens ist das nur durch Konfrontation der Staatswirtschaft mit dynamischen marktwirtschaftlichen Entscheidungs-, Anreiz- und Kontrollstrukturen erreichbar.

Prinzipielle Erfordernisse für den Übergang zur Marktwirtschaft

Logisch wäre es, meint *Gorbatschow* in seinem Buch „Perestrojka", mit der Umgestaltung im Zentrum zu beginnen, von dort zur mittleren Ver-

Abbildung 1
Traditionelles sowjetisches Lenkungssystem

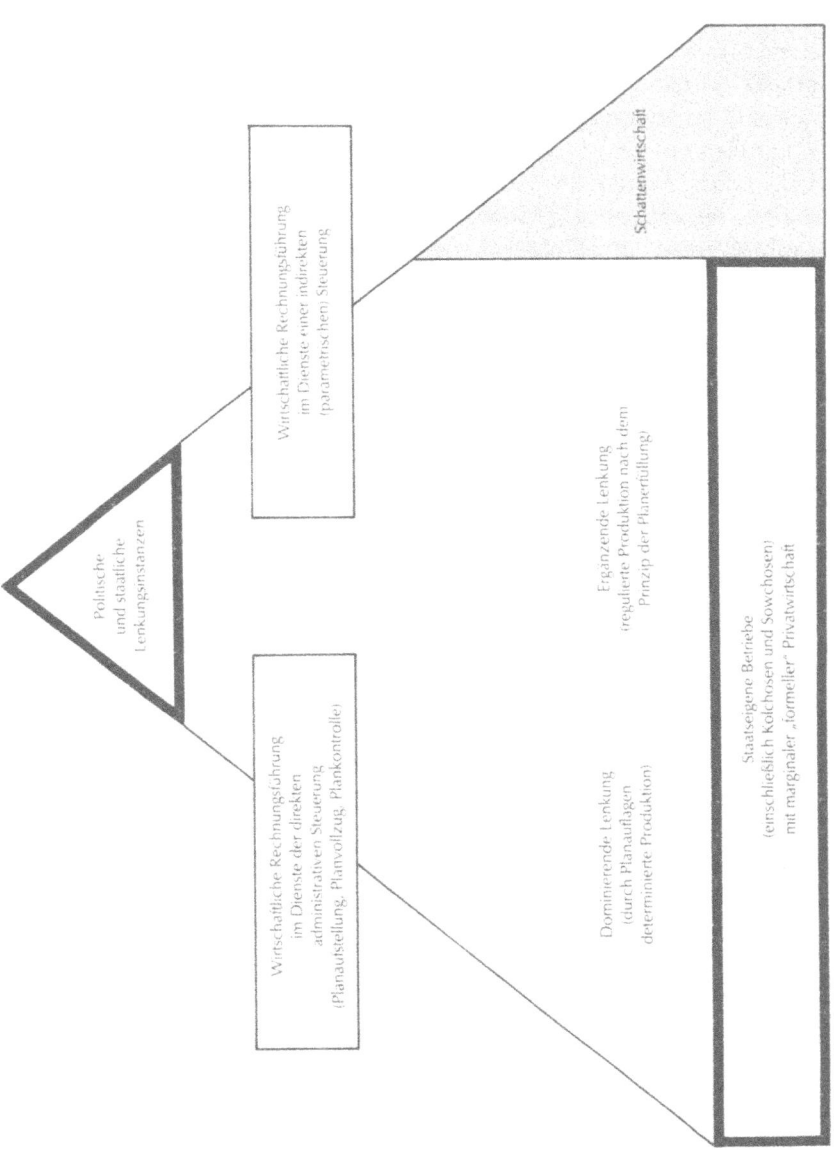

waltungsebene und schließlich zu den Grundeinheiten der Wirtschaft (Betrieben und Vereinigungen) überzugehen. *Gorbatschow* ist dieser einsichtigen Logik nicht gefolgt. Er hat den umgekehrten Weg gewählt und die zentrale Planungs- und Leitungsbürokratie im Kern unverändert gelassen. Die staatlichen Ziele des Wirtschaftens für die „Befriedigung des vorrangigen gesellschaftlichen Bedarfs" werden durch planmäßig erteilte (verbindliche) Staatsaufträge sichergestellt. Die übrige Produktion soll im Wege des indirekten Planvollzugs durch „unverbindliche" Kontrollziffern (Produktionswert, Gewinn, Valutaerlös und andere) in Verbindung mit direkten („ökonomischen") Methoden der Leitung (Normative, Preise, Limite) gesteuert werden, deren Charakter vielfältig sein kann (Anreize, Druckmittel, Appelle, Verbote oder Zwang). Deshalb ist bei indirektem Planvollzug mit Bezeichnungen wie „zwanglos", „unverbindlich" oder „indikativ" Vorsicht geboten.

Wie könnten unter diesen Bedingungen marktwirtschaftliche Entscheidungs-, Anreiz- und Kontrollstrukturen gleichsam aus dem Plan herauswachsen? Bemerkenswert ist, daß *Gorbatschow* den staatlichen Betrieben eine vorrangige Reformaufgabe einräumt. Dabei wird davon ausgegangen, daß der Staatsbetrieb – und nicht andere Unternehmensformen (etwa die Genossenschaft) – Haupttyp der sowjetischen Unternehmensstruktur bleiben und „Maßstab der nächsten Schritte und Maßnahmen" sein soll.

Aussagen dieser Art sind beliebig deutbar. Ich nehme einmal mit *Leonid Abalkin* an, daß es darum geht, die bisher an das Staatseigentum geknüpfte direkte zentrale Lenkungsmacht von Partei und Staat wesentlich einzuschränken. *Abalkin* meint: „Wenn die Erneuerung nicht die Tiefenschichten des gesellschaftlichen Eigentums berührt, kommt die Perestrojka nicht voran." Da eine Privatisierung der Staatsbetriebe nicht beabsichtigt ist, müßte es bei ernsthaften marktwirtschaftlichen Bestrebungen um eine Stimulierung und Disziplinierung dieser Betriebe durch den Wettbewerb gehen. *Lenins* Frage: „Wie soll man den Wettbewerb organisieren?" ist damit erneut gestellt.

☐ Erste Möglichkeit: *Gorbatschow* plant, die staatlichen Aufträge auf der Basis von Ausschreibungen zu vergeben, sobald die nötigen Erfahrungen hierfür vorliegen. Wie kann man aber mit einem Ausschreibungswettbewerb Erfahrungen gewinnen, ohne das Verfahren in Gang zu setzen? Gewiß: Unter den gegebenen Ordnungsbedingungen würde sich ein solcher Wettbewerb auf Verhandlungen zwischen Branchenministerien, Territorialinstanzen, örtlichen Behörden sowie Betrieben reduzieren. Enger Ressortegoismus wäre das bestimmende Element. Daran ist nichts zu ändern, solange auf Betriebsebene wegen der monopolistischen Angebotsstruktur keine nennenswerten Wahlmöglichkeiten für Wettbewerb bestehen. Dieser Weg führt somit nicht weiter.

☐ Zweite Möglichkeit: *Gorbatschow* meint, mit „zunehmender Sättigung des Marktes" (woran gemessen, bleibt offen!) könne der Einfluß der Staatsaufträge reduziert werden; damit könnten „verstärkte Bindungen zwischen Herstellern, Händlern und Konsumenten" entstehen. Als Voraussetzung dafür wird die im Betriebsgesetz vom 1. Januar 1988 vorgesehene Dezentralisierung der betrieblichen Entscheidungen mit größerer finanzieller Selbständigkeit, Selbstverwaltung und Selbstverantwortung betrachtet. Wie aber kann das Leistungspotential monopolistischer Staatsbetriebe besser erschlossen und durch Wettbewerb kontrolliert werden?

Einen Ansatz hierfür könnten tatsächlich die Staatsaufträge und Kontrollziffern bieten. Die Produktionsergebnisse, die über den Rahmen der verbindlichen Staatsaufträge zu Festpreisen und über andere vorgegebene Zielgrößen der Betriebspolitik (Kontrollziffern) hinaus erzielt werden, müßten frei vermarktet werden können. China hat dies bekanntlich zunächst in der Landwirtschaft, dann auch in einigen Industriezweigen versucht. Die UdSSR kann sich hierbei sogar auf eigene Erfahrungen berufen: Not und Chaos haben *Lenin* im Jahre 1921 gezwungen, die Wirtschaftspolitik radikal zu ändern. Nahrungsmittel, Brenn- und Rohstoffe aus der Landwirtschaft wurden wegen der Funktionsunfähigkeit des naturalen Austauschs seit 1919 nur noch durch Requirierungen beschafft. Dieses unzweckmäßige Verfahren wurde durch ein gemäßigtes „Naturalsteuersystem" abgelöst. Die Naturalsteuer wurde bewußt gering gehalten und überließ den Bauern als Anreiz eine große ablieferungsfreie Spitze. Diese konnte frei getauscht oder verkauft werden. Auf die Preise des Bauernmarktes nahm der Staat keinen Einfluß.

Auf diese Weise entsteht eine Systemgabelung (siehe Abbildung 2), die anfangs vom Ausmaß der „freien Spitzen" und des volkswirtschaftlichen Geldüberhangs bestimmt wird. Würde nun bei gegebener Produktionskapazität der Betriebe der Anteil der Staatsaufträge reduziert und könnten im marktwirtschaftlichen Absatzbereich höhere Preise realisiert werden, bliebe der staatswirtschaftliche Faktor in der Gesamtentwicklung zurück. Günstig wäre es, wenn viele und wichtige Staatsunternehmen auf diese Weise ihre Gewinne erhöhen könnten und wenn die Betriebsangehörigen in spürbarer Weise gewinnabhängig entlohnt würden. Der Zwang zur inneren Subventionierung würde in den Verlustbereichen einen Anreiz zur Kostensenkung auslösen und sich gewiß auch in jenen Fällen günstig auswirken, in denen die unvorteilhaften Konditionen der verbindlichen Staatsaufträge in der Regel dazu motivieren, die Qualität zu verschlechtern.

Freilich ist die von staatlich verursachten Betriebsverlusten im ersten Reformanlauf ausgehende Gefahr der Reformblockade durch die Betriebe um so höher einzuschätzen, je bedeutender die entsprechende Produktion für Regierungsaufträge oder für die Beschäftigungslage einer Region ist, je wichtiger „sozial" motivierte Höchstpreise sind und je leichter der Verlustausgleich durch staatliche Subventionen möglich ist. Externe Subventionen lösen bekanntlich keine Anreize zur Kostensenkung aus, verleiten vielmehr zu Kostentreiberei. Eine Expansion des staatlichen Subventionsaufwands hätte erhöhte anreizmindernde Abgaben oder inflationstreibende Haushaltsdefizite zur Folge. Subvention und Inflation als Gewinnquellen würden einer an höherer Effektivität orientierten Reformpolitik zuwiderlaufen.

Damit die überwachenden Zentralinstanzen die Staatsbetriebe nicht hindern, unter Aufdeckung versteckter Produktionsreserven die Marktproduktion über die Staatsaufträge hinaus so weit wie möglich auszudehnen, wären Staatseinnahmen spürbar an das Gewinnsteueraufkommen zu binden. Die Zentralinstanzen dürften dann – bei Vermeidung von anreizwidrigen Steuersätzen – auch weniger darauf bedacht sein, daß die Planproduktion auf Kosten der Marktproduktion ausgedehnt wird. Außerdem wären die Einkommensprivilegien der Bediensteten in den zentralen Planungs- und Lenkungsapparaten vollständig zu beseitigen, um den materiellen Anreiz für bürokratische Renitenz zu schwächen. Ideologische Linientreue dürfte nicht länger ein einkommenssichernder Faktor sein.

Effektive Gewinnanreize sind am ehesten geeignet, Leistungsreserven und Ressourcen aus der Untergrundwirtschaft hervorzulocken. Deshalb ist der naheliegende Einwand, es käme zu einer „kalten Privatisierung" sozialistischer Ressourcen, nicht überzeugend. Denn im Verhältnis zwischen legaler Staatswirtschaft und illegaler Schattenwirtschaft sind schon immer die staatlichen Verfügungsrechte stark geschwächt; im Hinblick darauf besteht bereits heute eine weitläufige Systemgabelung. Durch

Abbildung 2
Mögliche Entwicklung des sowjetischen Lenkungssystems

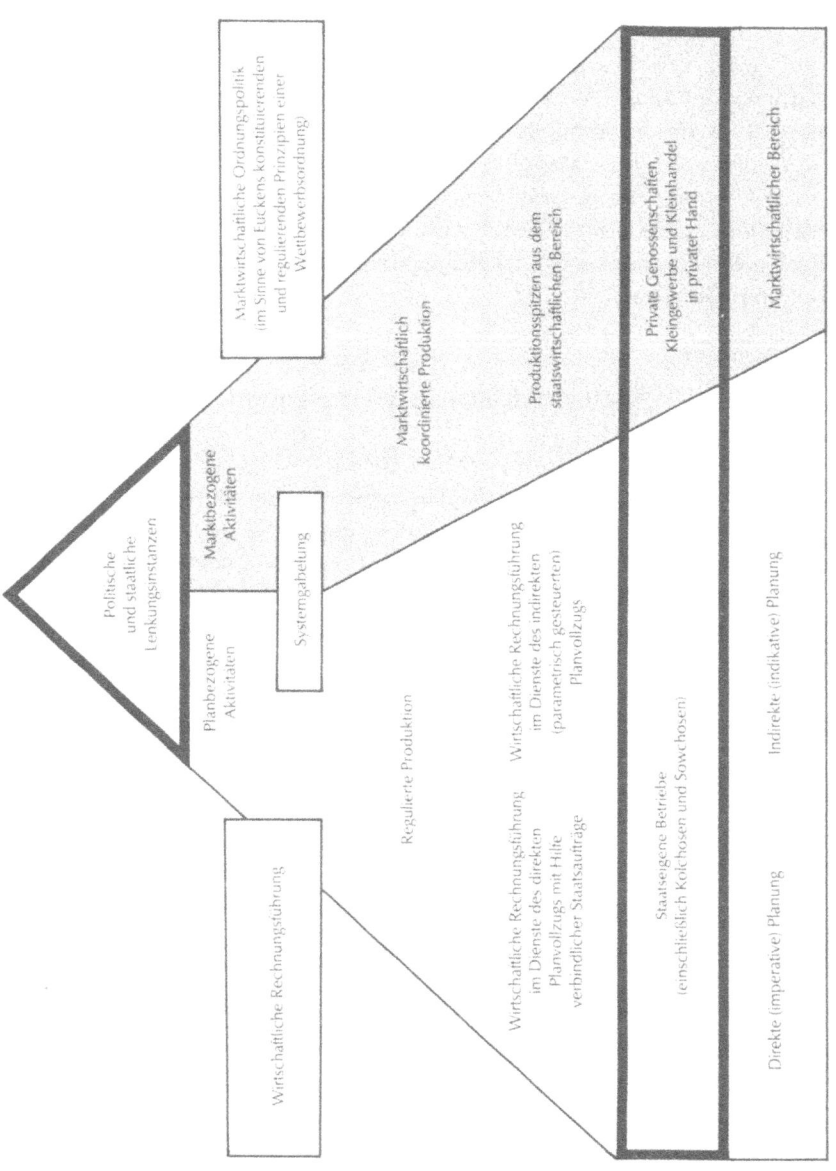

Legalisierung der Schattenwirtschaft würden nicht nur die Transaktionskosten der Privatisierung sozialistischer Ressourcen erheblich gesenkt und bisher ungenutzte und ungeahnte Produktions- und Leistungsreserven mobilisiert; es könnte davon auch ein beachtlicher Teil dem Staat über Steuern zufließen. Die ans Licht kommende Schattenwirtschaft würde in Verbindung mit den Überplanverkäufen der Staatsbetriebe die Entwicklung eines Produktionsgütermarktes ermöglichen und damit ein Kernstück der traditionellen zentralen Planungs- und Leitungsherrschaft (die allgewaltige „materiell-technische Versorgung") ins Wanken bringen. Allerdings bedarf die legalisierte Systemgabelung bereits im ersten Anlauf der flankierenden ordnungspolitischen Absicherung, um verbreitetem Mißtrauen aus Sozialneid zu begegnen. Und hier beginnen die Hauptprobleme.

Die unverzichtbaren Reformelemente

Auch für die UdSSR gilt, was *Walter Eucken* in Deutschland beim Übergang zur Marktwirtschaft feststellte: „Am Anfang steht die Währungsfrage". *Lenin* hatte gewiß recht, wenn er aus der Beobachtung der Währungskatastrophen nach dem Ende des Ersten Weltkriegs folgerte: „Wer die bürgerliche Gesellschaft zerstören will, muß ihr Geldwesen verwüsten". Nachhaltige Inflationen lösen eine starke Tendenz zur Aushöhlung der marktwirtschaftlichen Ordnung durch den Staatsinterventionismus aus.

Lenin mußte nach dem gescheiterten Experiment des Kriegskommunismus erkennen, daß auch die zentral geplante Wirtschaft nur als Geldwirtschaft betrieben werden kann. Es zeigte sich, daß auch Zentralverwaltungswirtschaften Geldverfassungen zugeordnet sind, in denen – wie *Walter Eucken* feststellte – Verknappung des Geldes vermieden und Überfüllung mit Geld leicht hergestellt werden, ja oftmals an der Tagesordnung sind. An der Entwicklung der Schattenwirtschaft und an Ausweichreaktionen der Wirtschaftssubjekte läßt sich ablesen, in welchem Ausmaß solche Wirtschaftsordnungen der Aushöhlungs- und Verdrängungsgefahr durch Inflation unterliegen.

Soll eine wirkliche Konkurrenz zum Plan entstehen, müßte das, was auf den freien Märkten geschieht, weithin Zustimmung finden und starke investitions- und produktionswirtschaftliche Anreize ausüben. Zunächst müßten sich die Preissteigerungen im Marktbereich in Grenzen halten und nicht mit einer extremen Zunahme der Einkommensunterschiede einhergehen. Dies wäre jedoch der Fall, wenn die Preise entsprechend der Höhe des Geldüberhangs auf ein Mehrfaches der staatlich gesetzten Preise ansteigen würden. Das Geldvermögen der Bevölkerung würde hierdurch zugunsten der Anbieter auf den freien Märkten umverteilt. Dies würde wiederum die zum Zentralismus drängenden Kräfte stärken, zumal eine einmal in Gang gekommene Inflation nach Erfüllung der ihr zugedachten Aufgabe erfahrungsgemäß schwer unter Kontrolle zu bringen ist.

Ein Übergang zur Marktwirtschaft erfordert deshalb schon im ersten Anlauf je nach dem Ausmaß des bestehenden Geldüberhangs eine mehr oder weniger drastische Währungsreform, und zwar in Verbindung mit der Etablierung einer Geld- und Finanzverfassung, die eine institutionell gesicherte, entschlossene Bekämpfung der Inflation ermöglicht und der heute bestehenden Möglichkeit des Mißbrauchs der staatlichen Geldschöpfungsmacht einen Riegel vorschiebt. Dies erfordert ein zweistufiges Bankensystem mit einer weitgehenden Entpolitisierung der Zentralbank und der Einrichtung eines selbständigen gewinnorientierten Geschäftsbanken- und Kreditsystems. Diese Währungsreform hätte allerdings nur Sinn, wenn die Preise anschließend frei blieben und die hauptsächliche volkswirtschaftliche Steuerungsfunktion im Marktbereich übernähmen.

Um einer solchen Reform in der Bevölkerung mehr Anklang zu verschaffen, wäre eine rasche und nachhaltige Verbesserung der allgemeinen Versorgungslage anzustreben. Jedermann müßte spüren, daß er nur über freie Märkte jene Güter erhalten kann, die sich die privilegierten Führungsgruppen in Politik und Staat bisher durch ihre Herrschaft über die staatliche Produktion verschaffen konnten. Die Versorgung könnte am schnellsten verbessert werden, wenn die individuelle Erwerbstätigkeit und die Gründung von Unternehmen durch Private oder Genossenschaften in allen Zweigen der Wirtschaft erlaubt würden.

Ohne effektive Gewerbefreiheit mit Verfassungsrang, die privaten Unternehmern im Interessenkonflikt mit den staatlichen Bürokratien nach den Regeln einer Privatrechtsgesellschaft Schutz gewährt, läßt sich die behördliche Gängelei im Bereich der klein- und mittelbetrieblichen Produktion nicht zurückdrängen. Hierbei ist zu berücksichtigen, daß in sozialistischen Systemen die Position von Klein- und Mittelbetrieben im

Vergleich zu den staatlichen Großbetrieben ungleich stärker bedroht ist als in Marktwirtschaften. Deshalb ist gerade die Privatwirtschaft auf das Recht der Selbstverwaltung in Verbänden und Kammern und auf eine starke politische Lobby angewiesen, um sich gegen Diskriminierungen und behördliche Willkür wirksam zur Wehr setzen zu können.

Es steht außer Zweifel, daß die Versorgungslage der Bevölkerung nachhaltig nur durch einen dynamisch sich entwickelnden mittelständischen Sektor mit einer nachfragefreundlichen Größenstruktur verbessert werden kann. Gibt es Anhaltspunkte dafür, daß die Unternehmer, die zur Marktwirtschaft gehören, in der Sowjetunion überhaupt verfügbar sind? In der Literatur wird bisweilen behauptet, das zentralistische Planwirtschaftssystem mit Staatseigentum an den Produktionsmitteln sei wegen eines zu geringen Unternehmerpotentials entwickelt worden. Tatsache ist, daß die vor der Oktober-Revolution von 1917 vor allem von den Angehörigen freier Berufe unternommenen Versuche, die Alleinherrschaft der zaristischen Bürokratie zu beseitigen und die zentralistischen politischen und wirtschaftlichen Verfassungsverhältnisse den liberalen westeuropäischen Beispielen anzupassen, fehlgeschlagen sind. Mit der Revolution von 1917 wurde der für die legale unternehmerische Betätigung notwendige Freiheitsraum – wie *Peter Scheibert* in seinem Buch „Lenin an der Macht" belegt – völlig beseitigt. Das Handwerk wurde „nationalisiert", und das überkommene, auf Freiwilligkeit und Selbstbestimmung fußende blühende Genossenschaftswesen wurde weitgehend zerschlagen. Die selbständigen Produzenten wurden für vogelfrei erklärt. Industriebetriebe wurden faktisch enteignet. Zu Betriebsleitern wurden nicht diejenigen ernannt, die unternehmerisch befähigt waren, sondern treue Parteileute, auch wenn sie weder über Fachkenntnisse noch über Führungsqualitäten und -erfahrungen verfügten. Die fatalen Ergebnisse solchen ordnungspolitischen Dilettantismus sind bekannt.

Und heute? Die Randbereiche der Staatswirtschaft und die Schattenwirtschaft waren immer Tummelplätze für unternehmerische Begabungen, so ist es auch heute noch. Aber auch der erfolgreiche Manager im Kernbereich der Staatswirtschaft muß ein findiger Kopf sein, um angesichts der vielfältigen systembedingten Koordinationslücken der Planwirtschaft – nicht selten unter Umgehung von Planvorschriften – Engpaßgüter zu beschaffen und dafür ein geeignetes Tauschpotential bereitzuhalten. Unternehmungsgeist ist gefordert, um im Wirrwarr der vorgegebenen Kennziffern und Normative die Soll-Auflagen so zu erfüllen oder überzuerfüllen, daß ein Maximum an Einnahmen gewährleistet ist. Es ist also von einem großen Potential ökonomisch fehlgeleiteter unternehmerischer Kreativität auszugehen. Wo sonst als im klein- und mittelbetrieblichen freien Marktsektor könnten sich die fähigen Köpfe am schnellsten und wirkungsvollsten ein volkswirtschaftlich fruchtbares Betätigungsfeld erschließen?

Effektive Gewerbefreiheit in einem sich rasch ausdehnenden Marktsektor ist auch Voraussetzung dafür, daß die für eine anspruchsvolle wirtschaftspolitische Modernisierungspolitik notwendigen ausländischen Direktinvestoren angelockt werden. Ihre Vorteile liegen bekanntlich darin, daß sie finanzielle Mittel, technisches Wissen und Unternehmungsgeist vereinen und dadurch besonders wirkungsvoll zum Einsatz bringen können. Dadurch können neue Maßstäbe für einheimische Unternehmen gesetzt, eine wirtschaftliche und soziale Mobilisierungsfunktion ausgeübt, monopolistische Angebotsstrukturen aufgebrochen und insgesamt Kristallisationskerne des Wachstums bei Schonung der Zahlungsbilanz gebildet werden.

Es ist daher verständlich, wenn *Gorbatschow* ein großes Programm von Gemeinschaftsunternehmen (Joint Ventures) mit westlichen Firmen anstrebt und in ihnen die Lokomotive der Modernisierungspolitik und der außenwirtschaftlichen Öffnung sieht. Allerdings wird dieser Weg nur in dem Maße erfolgreich sein, wie die UdSSR unter Verzicht auf wirtschaftspolitischen Nationalismus unternehmerische Entfaltungsmöglichkeiten, also Gewerbefreiheit mit einem freizügigen Investitionsklima, schafft. Sonst wird sie überwiegend nur mit Investoren rechnen können, die als „Hätschelkinder" des Staatsplans ein vergleichsweise leichtes Geschäft machen wollen.

Um den im Betriebsgesetz vom 1. Januar 1988 mehrfach bestätigten Parteieinfluß auf die Staatsbetriebe zurückzudrängen und die Anreiz- und Kontrolldefizite des Kollektiveigentums zu vermindern, wäre die Verfassung dieser Betriebe unter Wettbewerbsgesichtspunkten in das reformpolitische Visier zu nehmen. Gegenwärtig überläßt der faktische Eigentümer – vereinfacht gesagt: das zuständige Branchenministerium – die Produktionsmittel den Betrieben zur Nutzung. Die Betriebsleiter haben – nach dem Prinzip des „demokratischen Zentralismus" – Güter und Leistungen für die Erfüllung der Produktionsaufgaben einzusetzen, und zwar im Rahmen eines Arrangements von Verträgen und detaillierten Vorschriften, nach denen die eingesetzten Produktionsmittel zu verwenden sind.

Umgestaltung kollektiver Eigentumsrechte: Wege und Irrwege

Die vorherrschende Verteilung der Eigentumsrechte läßt betriebliche Verhaltensmuster erwarten, die unweigerlich zu einer schädlichen Verschwörung gegen die Allgemeinheit führen. Sind aber, so ist zu fragen, bei Kollektiveigentum, also bei Fehlen exklusiver und transferierbarer individueller Eigentumsrechte, überhaupt effektive, den Wettbewerb stimulierende Betriebsverfassungen möglich?

Zur Wahl stehen wohl nur die selbstverwaltete, die verpachtete und die „neutralisierte" Unternehmung („das Unternehmen an sich"):

☐ Die selbstverwaltete Unternehmung bedarf – bedingt durch den Umstand, daß bei dem zugrundeliegenden Gesellschaftseigentum Verfügung, Nutzung und Haftung unüberbrückbar auseinanderfallen und deshalb die Haftungsvorsorge mangelhaft ist – eines erheblichen Disziplinierungsdrucks von außen. Soll damit eine marktorientierte Reform begünstigt werden, müßte diese Kontrolle wettbewerbsfördernd sein. Die nicht erfolgreichen Unternehmen müßten unausweichlich mit dem Problem der Verlusthaftung konfrontiert werden.

Die selbstverwaltete Unternehmung ist jedoch wegen der unüberbrückbaren Trennung von Verfügung, Nutzung und Haftung, die für das Gesellschaftseigentum typisch ist, wenig geeignet, für ein hinreichendes Haftungsvermögen zu sorgen. Dies ließe sich nur kompensieren, wenn eine hohe Einkommensunsicherheit hingenommen würde. Diese wäre bei Wettbewerb der Betriebe unvermeidlich. Die Organe der Arbeiterselbstverwaltung würden allerdings versuchen, den Wettbewerb auf dem Arbeitsmarkt und den Produktmärkten zu beschränken, um ihr Einkommen aus den Verfügungsrechten an den Betrieben gegen die Marktkräfte kartellartig zu sichern. Hierzu können sie sich – unter Berufung auf sozialistische Ideale – leicht des Beistands der Politik vergewissern. Diese Flucht aus der Unternehmensautonomie und -verantwortung würde die Fortsetzung des konkurrenzscheuen traditionellen Interessenkartells zwischen Staat, Politik und Betrieben unter sozialistischen Vorzeichen begünstigen.

☐ Die Verpachtung von staatseigenen Objekten bietet über den Erwerb von privatwirtschaftlichen Nutzungsrechten individuelle Leistungsanreize und enthält im Ausschreibungsprinzip ein gewisses Wettbewerbselement. Prinzipielle Vorteile des Pächtersozialismus gegenüber der heute vorherrschenden direkten Staatswirtschaft liegen deshalb auf der Hand. Dies gilt vor allem für den Agrarbereich. Entscheidend sind allerdings die Struktur der Pachtverträge und der Einfluß der ökonomischen Umwelt. Zunächst einmal steht vielen kleinen Pachtbewerbern ein übermächtiger monopolistischer Verpächter mit weitgehender volkswirtschaftlicher Lenkungsmacht gegenüber. Der Wettbewerb ist also einseitig auf die Ebene der potentiellen Pächter beschränkt. In einer solchen Situation kommt es nicht nur darauf an, wie wohlwollend der Monopolist das Pachtrecht und die Pachtverträge gestaltet, sondern auch auf die übrigen ökonomischen Faktoren, die das Pachtverhältnis bestimmen.

Wird beispielsweise die zweckmäßigste Organisation der Landwirtschaft in Kollektivbetrieben gesehen, so werden die Pächter auch bei formal günstig lautendem Pachtrecht – wahrscheinlich abhängig von der jeweiligen Versorgungslage – immer nur mit begrenztem Wohlwollen des Staates rechnen können. Unabhängig von der Pachtdauer haben die Pächter ständig mit Benachteiligungen in der Belieferung mit Betriebsmitteln aller Art, mit relativ höherer Besteuerung oder mit Verschärfung des Strafmaßes bei Nichterfüllung der Ablieferungspflichten zu rechnen. Unter den Bedingungen des Vorwaltens der landwirtschaftlichen Kollektivbetriebe, des staatlichen Verpachtungsmonopols und einer staatlich organisierten „materiell-technischen Versorgung" ist es sehr fraglich, ob die wirtschaftliche und soziale Stellung der Pächter durch rechtliche Vorkehrungen des Pachtschutzes auf Dauer effektiv verbessert werden kann.

Fraglich ist auch, ob durch Verpachtung größerer Industriebetriebe das Wettbewerbselement gestärkt werden kann. Angenommen, die Zahl der Bewerber, die über hinreichendes Sicherungskapital verfügen oder risikobereit sind, reicht aus, um eine anspruchsvolle Pachtzins- und Vermögenssicherungsverpflichtung einzugehen. (Dies hängt unter anderem auch vom unternehmerischen Handlungsspielraum, von der Höhe der Ertragssteuern, von der Organisation des Banken- und Kreditsystems und von der Berechenbarkeit der Wirtschaftspolitik ab.) Bei der gegebenen Angebotsstruktur würde der Staat den Meistbietenden ein Vorrecht auf monopolistische Ausbeutung übertragen, wie es aus der Zeit des

Merkantilismus bekannt ist. Für die Wettbewerbskontrolle wäre wahrscheinlich nicht viel gewonnen, zumal die Pächter versuchen würden, sich des Staatsapparates als einem Garant ihrer Monopolinteressen zu vergewissern.

☐ Bei „Neutralisierung" des Staatseigentums wären die Rechte an den bisherigen Staatsunternehmen durch bestimmte Organe treuhänderisch zu verwalten, etwa in der Form eines Aufsichtsrats. Dieser hätte – eventuell in Verbindung mit der Einführung der Selbstverwaltung der Betriebsangehörigen – einen Vorstand mit der Aufgabe der effektiven Nutzung des Betriebsvermögens nach dem Gewinnprinzip zu betrauen.

Ohne Zweifel könnte in Verbindung mit einer gewinnabhängigen Entlohnung der Manager und hinreichendem Wettbewerbsdruck das betriebliche Leistungsverhalten wesentlich verbessert werden. Doch wie könnte eine Wettbewerbskontrolle stattfinden? Die Treuhänder des staatlichen Eigentums besäßen als Gruppe wirtschaftliche Verfügungsgewalt. Wer aber wären diese Treuhänder? Wahrscheinlich wären es Vertreter der Partei, der zuständigen Branchenministerien, der Arbeitnehmerschaft (Gewerkschaften), der Hauptlieferanten und -abnehmer sowie der Hausbank.

Die Interessen würden bei extrem verschiedenen Erfolgszielen im höchsten Maße divergieren. Wer würde persönlich für Fehlentscheidungen haften können und wollen? Verluste lassen sich nicht ausschließen, zumal wenn das sozialistische Ideal der Beschäftigungs- und Einkommenssicherheit auch in Krisenzeiten des Unternehmens zu beachten ist. Gewiß könnte das Haftungsrisiko durch Bildung von Sicherungsvermögen gemindert werden. Doch sprechen bei der gegebenen Eigentumsrechtsstruktur handfeste ökonomische Gründe gegen ein Interesse an hinreichender Haftungsvorsorge. Um den Verlustfall auszuschließen, werden die externen Treuhänder und die Betriebsleiter als Treuhänder der Betriebsangehörigen bzw. von Selbstverwaltungsorganen dazu neigen, unter Rückgriff auf ihre jeweilige (wirtschafts-)politische Hausmacht „ihre" Betriebe so weit wie möglich dem Wettbewerb zu entziehen. Für den Ernstfall werden sie auf „weiche" Bankkredite oder Subventionen des Staates bauen. Je enger die Banken an Entscheidungen der externen Treuhänder gebunden sind, desto weniger werden sie sich dem Mißbrauch ihres Kreditpotentials für Zwecke der Konfliktvermeidung entziehen können. Soll die Zentralbank über eine restriktive Geld- und Kreditpolitik ein Gegengewicht bilden, müßte sie politisch unabhängig und auf Sicherung des Geldwerts verpflichtet sein.

Übrig bleibt die Mobilisierung der Auslandskonkurrenz. Sie erfordert die Öffnung der Handels- und Währungsgrenzen. Die Liberalisierung hätte unvermeidlich einen strukturellen Reinigungsprozeß zur Folge. Viele unrentable Betriebe müßten ausscheiden. Dies würde aber eine sozialistische Regierung schon aus Beschäftigungsgründen oder wegen des Prinzips der Erhaltung des Staatseigentums zu verhindern versuchen. Sie würde – wie dies bis heute auch weitgehend in Ungarn geschieht – es vorziehen, die konkursreifen Betriebe zu Kostgängern des Staatshaushalts zu machen und die Auslandskonkurrenz fernhalten. Nicht ohne Grund wurde bei allen bisherigen Reformversuchen, die in die angedeutete Richtung weisen – in der ČSSR, in Ungarn, in Polen, in China oder jetzt in der UdSSR –, die Außenwirtschaftsordnung weitgehend ausgespart.

Bei „Neutralisierung" des Staatseigentums wird sich im politischen Prozeß der Systementfaltung nicht vermeiden lassen, daß die Leistungsbereitschaft erlahmt und ein konkurrenzscheuer Syndikalismus entsteht – auch wenn ein forsch formuliertes Konkursrecht existiert. Daraus folgt: Um den Wettbewerb als Disziplinierungs- und Stimulierungsmittel zu aktivieren, gibt es bei realistischen Annahmen keinen anderen Weg, als die Rechte an den Staatsunternehmen zu privatisieren. Es ist deshalb konsequent, wenn einsichtige Reformer in den sozialistischen Ländern angesichts des ungelösten Wettbewerbsproblems empfehlen, staatliche Unternehmen in Aktiengesellschaften zu überführen, zu privatisieren und Kapitalmärkte zu erlauben.

Werden persönliches Eigentum am Betriebsvermögen und Kapitalmärkte zugelassen, stellen sich wirksame innere Anreize und Kontrollen für eine volkswirtschaftlich effektive Nutzung und – ungewollt – für die Entstehung wettbewerblicher Angebotsstrukturen ein. Automatisch verflüchtigen sich dann auch die Neigungen und Möglichkeiten zu leistungshemmenden und ressourcenverschwendenden individuellen Verhaltensweisen. Beim Übergang vom Kollektiv- zum Individualeigentum ist auch – zum Beispiel an der Veränderung der Besitzstruktur der Anteilsscheine – zu erkennen, in welchem Ausmaß Betriebsangehörige am Grundsatz der Einheit von Verfügung, Nutzung und Haftung festhalten wollen oder aber eine Teilung der Eigentumsfunktionen bevorzugen, wie sie in „kapitalistischen" Marktwirtschaften aus naheliegenden Gründen der Risikostreuung vorherrscht.

Am Ende des beschriebenen Weges der Wirtschaftsreform wird jene Ordnungskonzeption der regulierenden und konstituierenden Prinzipien erkennbar, die *Walter Eucken* für eine wirtschaftlich und sozial leistungsfähige Wettbewerbsordnung entwickelt hat.

Prestrojka als „Vollendung" der „Neuen Ökonomischen Politik" Lenins?

Inwieweit ist die Meinung zutreffend, daß Demokratie auch in der Wirtschaft eher Freiheiten schaffen wird als andere Regierungsformen und eher gewährleistet, daß der einmal erreichte Stand der Liberalisierung gesichert und erweitert werden kann? Die Antwort hängt davon ab, welches Ziel die Mehrheit anstrebt. Orientiert sie sich zum Beispiel an Vorstellungen einer weitgehend staatlich „regulierten Marktwirtschaft" mit vorherrschendem Staatseigentum an den Produktionsmitteln, so sind hierzu staatliche Einrichtungen notwendig und durch den Staatsapparat laufend Lenkungsaufgaben zu erledigen, die nicht demokratisch bewältigt werden können und deshalb über eine diktaturähnliche Herrschaftsausübung zwangsläufig die Führungskonkurrenz effektiv beschränken. Ein Beispiel hierfür ist die direkte staatliche Investitionslenkung.

Die sowjetische Wirtschaftsreform geht bisher nicht in die skizzierte Richtung einer konsequenten Systemgabelung. *Gorbatschow* orientiert sich (noch) nicht an *Adam Smith, Friedrich A. von Hayek* oder *Walter Eucken,* sondern an *Wladimir I. Lenin.* Was kann *Gorbatschow* von *Lenin* lernen? Gewiß eine erfolgreiche Methode der Machtergreifung und -sicherung. Aber in Fragen der Wirtschaftsordnung?

„Zur sogenannten Frage der Märkte" meinte *Lenin* 1893: Marktwirtschaft „hat unvermeidlich zur Folge, daß der Starke noch stärker und der Schwache noch schwächer wird, daß sich eine Minderheit bereichert und die Masse ruiniert wird". Dieses Ergebnis könne nur durch Beseitigung der kapitalistischen Produktionsweise vermieden werden. Am Vorabend der russischen Revolution beklagte sich *Lenin,* bei seinen geistigen Vätern keine brauchbaren ordnungspolitischen Wegweisungen gefunden zu haben. Dennoch ließ er zum ersten Jahrestag der Oktober-Revolution an der Kremlmauer einen Granitobelisk zu Ehren seiner geistigen Wegweiser zum Sozialismus enthüllen. Die eingravierten Namen – angefangen von *Saint-Simon, Morus, Campanella, Marx* und seinen

Schüler bis hin zu *Plechanow* – haben eines gemeinsam: Mit ihnen verbindet sich keine Vorstellung von bewährten Grundsätzen für den Aufbau von leistungsfähigen und menschenwürdigen Wirtschaftsordnungen. Doch *Lenin* hat seine Überzeugungen bald ändern müssen. Haben sich in *Lenins* „Neuer Ökonomischen Politik" angemessene ordnungspolitische Vorstellungen niedergeschlagen?

Lenins „Neue Ökonomische Politik" war meines Erachtens lediglich eine kurzfristige Überlebensstrategie. Es galt, eine Gegenrevolution zu verhindern. Nach fehlgeschlagenen ordnungspolitischen Experimenten mußte *Lenin* 1921 eingestehen: Die Not und der Ruin sind derart, daß es gilt, eine Methode zu finden, „wie man die (bis zu einem gewissen Grade und für eine gewisse Zeit) unvermeidliche Entwicklung des Kapitalismus in das Fahrwasser des Staatskapitalismus lenken soll, welche Bedingungen man hierfür schaffen muß, wie man für die nahe Zukunft die Umwandlung des Staatskapitalismus in den Sozialismus zu sichern hat".

Was *Lenin* hierfür geeignet hielt, hat manches gemeinsam mit dem, was *Gorbatschow* heute plant: Vergabe von Konzessionen (jetzt vor allem in Form von Gemeinschaftsunternehmen und „offenen Wirtschaftszonen"), (Wieder-)Zulassung des genossenschaftlichen Kapitalismus für kleingewerbliche Wirtschaftszweige, die Heranziehung von Kapitalisten als Händler, die Verpachtung von Staatsbetrieben und Land. Damals wurden die Vorteile des privaten Unternehmertums und des Privatkapitals aus dem eigenen Land und aus dem Westen als Rettung für das in Not geratene sozialistische Experiment angesehen.

Bemerkenswert ist, daß heute in der UdSSR in den kapitalistischen Freizügigkeiten der „Neuen Ökonomischen Politik" lediglich eine Randerscheinung gesehen wird. Als Kerngedanke sei die wirtschaftliche Rechnungsführung in Verbindung mit zentraler Planung anzusehen. Dieses Konzept *Lenins* für eine indirekt gelenkte Planwirtschaft, heißt es jetzt, werde *Gorbatschow* „vervollkommnen".

Über indirekte Lenkung und diskretionären Dirigismus zur Marktwirtschaft?

Das Betriebsgesetz vom 1. Januar 1988 soll im Zentrum der sowjetischen Wirtschaftsreform stehen. Die Betriebe sollen mehr als bisher im

Sinne der demokratischen Komponente des „demokratischen Zentralismus" entscheiden können, sie sollen über größere finanzielle Selbständigkeit verfügen und sich selbstverantwortlich verwalten können – soweit die offizielle Lesart. Tatsächlich ist der Spielraum für eine weitgehende zentrale Anweisung der Betriebe mit Hilfe von Planauflagen oder Staatsaufträgen und direkten administrativen Eingriffen (vor allem für die Investitionspolitik) offengehalten worden. Heute schweben die Betriebe zwischen der Gewißheit der (noch) vorherrschenden direkten zentralen Lenkung und der Ungewißheit der Umstände für die vorgesehene Umschaltung auf eine dominierend indirekte Lenkung, die Gorbatschow „Neue Konzeption des Zentralismus" nennt.

Danach wird weiterhin ein bedeutender Produktionsbereich durch Staatsaufträge und flankierende Kontrollziffern planmäßig gelenkt und kontrolliert, nämlich der weitläufige Komplex von Betrieben, die militärisch relevante Güter herstellen sowie die Grundstoff-, die Energie- und die Bauwirtschaft. Von diesem verbleibenden Zentralismus – gleichsam dem wirtschaftspolitischen Rückgrat der Sowjetmacht – werden die Senkung der politischen Kontrollkosten und die Sicherung des staatswirtschaftlichen Angebotsmonopols erwartet.

In den übrigen (konsumnäheren) Wirtschaftszweigen sollen die Betriebe auf indirekte Weise in die wirtschaftspolitische Pflicht genommen werden (siehe Abbildung 3). Der Grundgedanke dabei ist, die betriebliche Ergebnisrechnung, vor allem die Gewinnentstehung und -verteilung, mit Hilfe von zentral vorgegebenen Güter- und Faktorpreisen und anderen ökonomischen Datensetzungen (Normen und Limits) im Sinne von Regulatoren oder Parametern so zu steuern, daß die Betriebe im eigenen Interesse das produzieren, was der Staat als vorrangig betrachtet. Mit der „vollständigen" wirtschaftlichen Rechnungsführung ist die Eigenerwirtschaftung der Mittel auch für Investitionen gemeint. Durch sie soll die traditionelle betriebliche Finanzierung von Investitionen über den Staatshaushalt möglichst weitgehend eingeschränkt werden.

Um einigermaßen funktionieren zu können, setzt dieses Lenkungskonzept voraus:

☐ die Einführung des Gewinnprinzips auf der Grundlage von Parametern (Preise, Normative und ökonomische Hebel), die den Charakter staatlicher Planinformationen haben und die Betriebe aus Gewinninteresse veranlassen können, gemäß den Zielen der staatlichen Zentrale zu handeln,

Abbildung 3
**Sowjetisches Lenkungssystem im Sinne von
Gorbatschows „Neuer Konzeption des Zentralismus"**

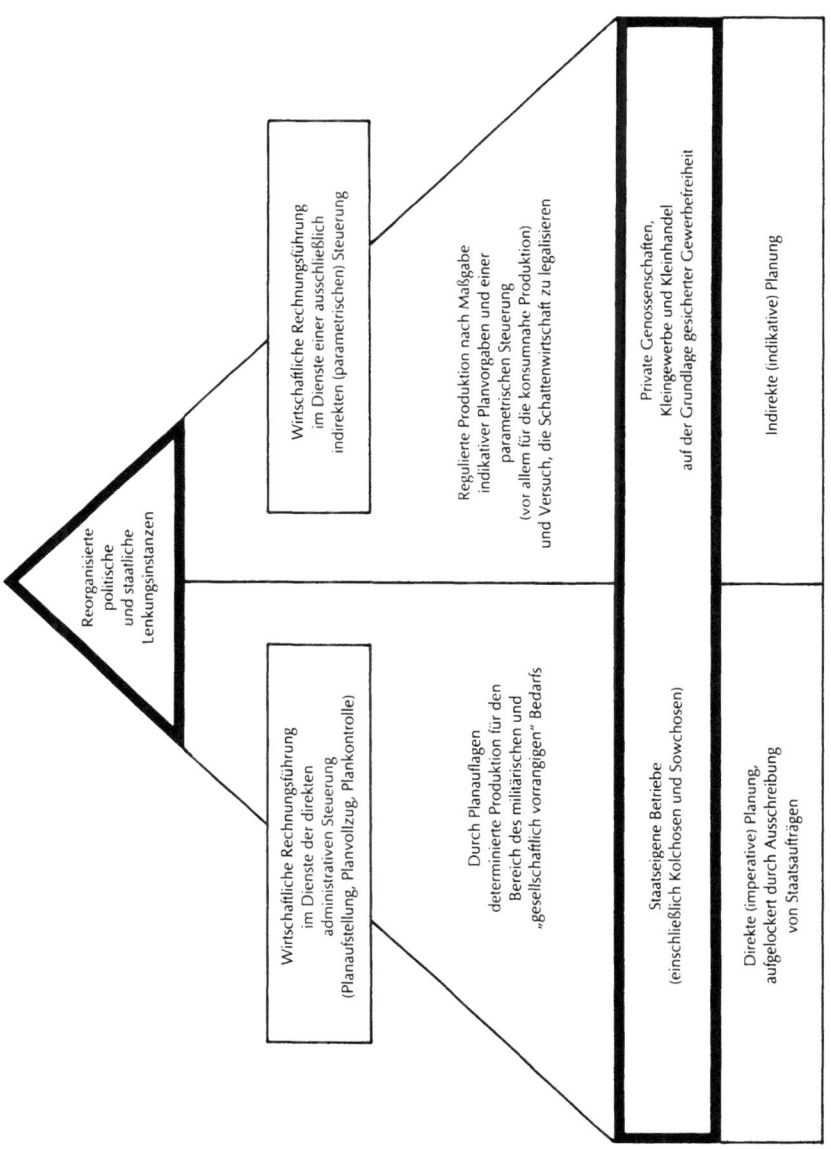

☐ die materielle Verantwortlichkeit, das heißt die möglichst exakte personelle Zurechnung von Erfolg und Mißerfolg und

☐ einen wettbewerblichen Sanktionsmechanismus, um die Betriebe einem ständigen Kosten- und Leistungsvergleich unterwerfen und die Regulatoren (Parameter) demgemäß anpassen zu können.

Sowjetische Ökonomen sehen in dieser Lenkungsmethode große Möglichkeiten, um das innere Anreiz- und Kontrolldefizit des Staatseigentums zu beseitigen und die betriebliche Effektivität zu erhöhen. Dagegen sprechen bisherige Erfahrungen und theoretische Einsichten in die Grenzen der parametrischen Steuerung:

☐ Die DDR hat in den sechziger Jahren im Rahmen des „Neuen Ökonomischen Systems" mit dem Konzept der „wirtschaftlichen Rechnungsführung" experimentiert. Ende der sechziger Jahre erwies sich die Verselbständigung der Staatsbetriebe als dominierender Akzent dieses Versuchs. Offensichtlich war es nicht gelungen, die staatlichen Eigentümerinteressen hinreichend zu schützen. Das partiell freigesetzte Gewinnstreben entwickelte eine beträchtliche Eigendynamik. Diese war zwar prinzipiell gewollt, doch nicht so, wie sie sich äußerte. Die inkonsistenten Preisregulierungen hatten eine volkswirtschaftlich irrationale Gewinnorientierung zur Folge. Es wurden immer mehr Güter erzeugt, die von der Zentrale als nachrangig eingestuft worden waren. Vorrangige Ziele wurden dagegen vernachlässigt.

An den zentralen Plänen gemessen, häuften sich Fehlinvestitionen. Die staatlichen Regulierungen erwiesen sich als ineffizient, weil sie das Ziel der Gleichrichtung der betrieblichen und zentralen Präferenzen verfehlten. Die Ursache liegt im ungelösten (besser gesagt: unlösbaren) Preisproblem. Die utilitaristisch-konstruktivistische Idee einer Preisreform beruht auf der irrigen Meinung, es sei möglich, die Preise im breiten und tiefen Strom der Güter und Leistungen so zu setzen, daß sie den Betrieben sagen, was sie in ihrem eigenen Interesse und im Interesse der Zentrale tun sollten. Bestenfalls kann dabei eine kostenorientierte Preisbildung, ergänzt durch eine kunstvolle Selektion von Anreiz- und Gebrauchswertkomponenten, herauskommen. Sie führt wegen des Informationsvorsprungs der Betriebe unweigerlich zu einem ungleichen Tauziehen. Die Betriebe werden sich mit ihrem Interesse, den Aufwand zu maximieren, durchsetzen. Unter den gegebenen weichen Finanzierungsbedingungen ist Inflation die Folge. Den Preisreformern mangelt es zudem nicht nur an zweckmäßigen ökonomischen Orientierungsnormen, sondern auch an hinreichend exakten Kenntnissen, wie die Betriebe auf Preise und andere Parameter reagieren. Vor allem aber weiß niemand, die nachfragespezifischen Einflußfaktoren realistisch im Wandel der Präferenzen und Knappheitsverhältnisse einzuschätzen. Hierzu sind knappheitsorientierte Marktpreise notwendig.

☐ Als wichtiges Prinzip der Regulierungspolitik wird die Allgemeingültigkeit der Regulatoren angesehen, zumindest für bestimmte Branchen. Abgesehen vom unlösbaren Problem einer zweckmäßigen Branchenabgrenzung, tendiert das Allgemeingültigkeitsprinzip schon aus dem willkürlich deutbaren sozialistischen Postulat der Verteilungsgerechtigkeit ständig zur Auflösung hin. Ein weiterer Grund liegt in den ungewollten Wirkungen des Regulatorenkonzepts. Das Ergebnis ist ein diskretionärer Einzeldirigismus.

☐ Auch die Bürokratie wird ein transparentes allgemeingültiges Regulierungskonzept zu verhindern versuchen. Was nicht überschaubar ist, kann schwerlich nachgeprüft werden. Diskretionärer Handlungsspielraum bedeutet Lenkungsmacht. Damit aber werden die oben genannten Anforderungen an das Prinzip der Eigenerwirtschaftung der Mittel vollends hinfällig:

Das Tauziehen der Bürokraten bei traditioneller administrativer Planung und Lenkung um erweiterte Kompetenzen und Budgets verlagert sich bei der indirekten Steuerung auf die Ebene der Parameter. Dabei pflegen die staatlichen Behörden – sei es unter ministeriellem oder politischem Druck, sei es unter Berufung der Betriebe auf beliebig „nachweisbare" Sonderprobleme oder Notlagen – die Rolle eines Protektors zu übernehmen. Dies geschieht weniger im Interesse der vorgegebenen Zwecke, Zentralpläne oder der regulierten Unternehmen, sondern dient vor allem der Stärkung des staatsbürokratischen Steuerungseinflusses auf die Wirtschaft. Die politischen Instanzen werden sich nebenbei davon überzeugen lassen, daß mit der bürokratischen Aufgabenwahrung zugleich die politische Herrschaft bestmöglich gesichert werden kann.

Alles dreht sich somit um den Mißbrauch der Regulierungspolitik für Sonderwünsche. Das Hauptinteresse der Regulierungsbürokratie ist es, die eigene Existenz zu sichern. Dies erfordert vor allem die Unterdrückung der Marktkoordination durch freie Preise – der schärfsten potentiellen Konkurrenz von Bürokratien.

☐ Die Degeneration der wirtschaftlichen Rechnungsführung zum Einzeldirigismus und der gleichwohl unvermeidlich entstehende „Selbstlauf" der Betriebe sind die gut prognostizierbaren Begleiterscheinungen der indirekten Steuerung. Darin wird bisweilen so etwas wie die Basis einer marktwirtschaftlichen Ordnung unter sozialistischem Vorzeichen gesehen, zumal sich in den geschilderten Vorgängen die Urkraft eigeninteressierten Handelns offenbart. Was hat dies aber wirklich mit Marktwirtschaft zu tun?

Die genannten Begleiterscheinungen der wirtschaftlichen Rechnungsführung erinnern stark an ein aufgelockertes Zentralplansystem, bei dem, wie *Franz Böhm* treffend formuliert hat, „der Staat sozusagen mit sich selbst Schach spielt, indem er einerseits oberste Planungsinstanz bleibt, seine Betriebsleiter aber andererseits mit Teilplanungsautonomie ausstattet und miteinander frei konkurrieren läßt." Politisch begünstigt dieses „höchst artifizielle System" (mit der Bezeichnung „demokratischer Sozialismus") die Entstehung eines Amtsadels, „dessen Mitglieder sich – mit Erlaubnis der Zentralinstanz – aufführen, als seien sie Kapitalisten und befänden sich in einer Marktwirtschaft".

Die Aufgabe, eigeninteressiertes Handeln der Betriebe und Behörden mittels indirekter Lenkung mit staatlichen Zielen vereinbar zu machen, ist nur in einem begriffstechnischen Sinne vergleichbar mit der preisgesteuerten Koordination von Interessen in der Marktwirtschaft. Sonst wäre jede Ausnutzung von Spielräumen für betriebliche oder bürokratische Eigeninteressen (Planverletzungen, „weiche" Pläne, Schlendrian, manipulierte Abrechnungen und Statistiken, das Tauziehen um günstige Preise und andere Regulatoren, kurz: jede Form der Freigabe von individuellen Handlungsspielräumen, eingeschlossen jedes betriebs- und ressortegoistische Verhalten zum Schaden der Allgemeinheit) als „marktwirtschaftlich" zu bezeichnen. Meines Erachtens ist das entscheidende Attribut von Marktwirtschaften jedoch das rechtlich und moralisch gebundene und im spontanen Wettbewerb auf preisgesteuerten Märkten kontrollierte und sanktionierte Selbstinteresse.

☐ Auch *Abel Aganbegyan,* einer der Hauptberater *Gorbatschows,* räumt ein, daß mit einer Atomisierung der wirtschaftlichen Rechnungsführung für die Reformziele nichts gewonnen wäre: „Der Berg kreiste und gebar ein lächerliches Mäuslein". Allerdings hält *Aganbegyan* die Auflösung des indirekten Lenkungssystems für vermeidbar, ohne dies jedoch überzeugend zu begründen. Die in der UdSSR verbreitete Regulierungsillusion scheint stark von jenem Geist *Saint-Simons* beseelt zu sein, nach dem Fortschritt vorauszusehen, planmäßig zu beschleunigen und nach Bedarf zu lenken ist. Diese „szientistische Hybris" *(Friedrich A. von Hayek)* ist typisch für die „Neue Konzeption des Zentralismus" à la *Gorbatschow*.

☐ Was wird geschehen, wenn die Regulierungsillusion der Enttäuschung weichen wird? In Ungarn wird seit 1968 mit Formen der indirekten Lenkung experimentiert. Jetzt scheint sich in der Reformdebatte die Auffassung durchzusetzen, daß substantielle Verbesserungen im Hinblick auf die angestrebten wirtschaftspolitischen Ziele nur erreichbar sind, wenn die institutionellen Voraussetzungen der privatwirtschaftlichen Marktwirtschaft geschaffen und politisch gesichert werden. Ob die UdSSR, wenn sie an diesem Punkt ihrer Reformbemühungen angekommen sein wird, ebenso entscheiden wird, weiß niemand. In der DDR hat *Walter Ulbricht* bekanntlich 1968 versucht, das „Neue Ökonomische System" durch das „Ökonomische System des Sozialismus" mit dem Kernstück der Planung „volkswirtschaftlich strukturbestimmender" Bereiche zu retten. Doch auch damit ist es nicht gelungen, die freigesetzte Initiative so zu lenken, wie sie politisch erwünscht war. Die Reformgegner in der SED-Führung – ob von der UdSSR gestützt, sei dahingestellt – erzwangen schließlich 1971 mit der Entmachtung *Ulbrichts* eine ordnungspolitische Kehrtwende um 180 Grad. Nach Ablösung *Ulbrichts* durch *Erich Honecker* wurde unter Beibehaltung weniger Größen der wirtschaftlichen Rechnungsführung das zentralverwaltungswirtschaftliche System sowjetischen Typs restauriert und bis heute vehement veteidigt. Auch künftig ist nicht mit einer Automatik in der Weiterentwicklung der indirekten Steuerung zu einer Art „sozialistischer Marktwirtschaft" (was immer man darunter verstehen mag) und dann zur Marktwirtschaft liberaler Prägung zu rechnen.

Das Koordinationsdilemma bleibt ungelöst

Prinzipiell hätte zwar die UdSSR gegenüber ihren „Bruderländern" auch in Reformfragen den Vorteil der uneingeschränkten politischen Souveränität. Wie steht es damit aber im Innenverhältnis?

Zentrales Problem ist die Bürokratie mit ihren zahllosen Mini-Diktatoren. Sie werden die neue Aufgabe der indirekten Steuerung zur Sicherung und Stärkung ihrer Hausmacht zu nutzen versuchen. Dies wird ihnen dadurch erleichtert, daß die Entwicklung und Produktion der militärisch und gesellschaftlich als vorrangig eingestuften Güter und Leistungen weiterhin zentral geplant werden. Herstellung und Verteilung werden mit verbindlichen Staatsaufträgen gesichert. Diese gelten als das Rückgrat des neuen Leitungssystems. Wie die Militärbürokratie dürften auch jene Organe ein erhebliches Interesse an speziellen dirigistischen Methoden des Zugriffs auf das einschlägige Produktionspotential der Volkswirtschaft haben, die für die Befriedigung des vorrangigen „gesellschaftlichen" Bedarfs zuständig sind.

Auch sollen jene Zweige in den Mittelpunkt der neuen Industriepolitik gestellt und bevorzugt gefördert werden, die technologisch als besonders rückständig gelten. Es versteht sich von selbst, daß hierzu eine unermeßliche Fülle von ineinandergreifenden Einzeltätigkeiten und komplementären Lieferungen gleichzeitig aus dem Bereich der direkt und der indirekt gesteuerten Produktion erforderlich sind. Für das entscheidende Problem der Abstimmung zwischen zentral bestimmter und regulierter Produktion verfügt auch die UdSSR bisher über keine befriedigende Lösung. Sie steht damit vor demselben Koordinationsdilemma wie die DDR Ende der sechziger Jahre.

Wie wird sich die UdSSR gegenüber dem Problem der auseinanderlaufenden Entwicklung von tatsächlicher und zentral gewünschter Güterproduktion verhalten? Das Experiment beginnt wohl erst in vollem Umfang 1991 mit dem kommenden Fünfjahrplan. Heute kann deshalb nur so viel gesagt werden: Nach dem Beschluß des Zentralkomitees der KPdSU und des Ministerrats der UdSSR vom 17. Juli 1987 „Über die Umgestaltung der Planung und die Erhöhung der Rolle des Staatlichen Plankomitees der UdSSR ..." gilt die vollständige Bilanziertheit des Plans als „unerschütterliches Prinzip der sozialistischen Planung". Wenn dies auch nur für die als wichtig eingestuften Erzeugnisarten verbindlich praktiziert werden soll, dann muß die indirekte Regulierungsmethode wegen der weitreichenden Produktionsverbundenheit eindeutig der direkten Lenkungsmethode untergeordnet werden. Das Wort indikative oder indirekte Planung entpuppt sich dann aber als Schwindel: Die indirekte Lenkungsmethode kann nicht ernsthaft als eine ergänzende Methode der Entbürokratisierung und Entpolitisierung der Volkswirtschaft angesehen werden.

Konsequenzen einer entschlossenen marktwirtschaftlichen Politik

Die Reformpolitik *Gorbatschows* bestätigt eindrucksvoll, was *Wilhelm Röpke* 1926 sagte: „An der kapitalistischen Wirtschaftsordnung Kritik zu üben, ist leicht, schwer aber ist es zu zeigen, wie die Wirtschaftsaufgaben einer differenzierten Wirtschaftsgesellschaft in einem antikapitalistischen System gelöst werden sollen, ohne daß die Zerstörung des Getriebes dazu zwingt, den Kapitalismus wieder zur Hintertür hereinzulassen".

Eine spontane wirtschaftliche Liberalisierung bedeutenden Ausmaßes wäre bei Konfrontation des Plansystems mit legalisierten freien Märkten möglich. Dazu wäre der Kapitalismus „durch die Vordertür hereinzulassen" und nicht gleich im Vestibül in Ketten zu legen. Mit der Vergrößerung des Maßes an effektiv geschützten und wettbewerbspolitisch kontrollierten Marktfreiheiten könnten ungeheure Leistungsreserven freigesetzt und effektiv genutzt werden.

Die Volkswirtschaft erhielte über das Hineinwachsen in preisgesteuerte Marktprozesse eine leistungsfähige Rechenmaschine als Quelle von Informationen über realistische Knappheitsverhältnisse, die heute weitgehend fehlen. Die beiden konträren Koordinationsformen würden allerdings in einen äußerst konfliktgeladenen ordnungspolitischen Dualismus führen; dabei dürfte sich die ungehinderte Marktdynamik immer mehr durchsetzen. Die Gestaltung dieser Entwicklung im Sinne einer „Politik der Wettbewerbsordnung" würde eine starke marktorientierte Staatsverwaltung erfordern. Dafür ist in der UdSSR bisher weder eine theoretisch-konzeptionelle noch eine ideologisch-politische Grundlage zu erkennen. Die Tatsache, daß *Gorbatschow* den geschilderten Weg der Reform eingeschlagen hat, läßt auf politische Entscheidungsprozesse in der UdSSR schließen, die (noch) völlig anders verlaufen als beispielsweise in Ungarn oder in Polen.

Oder sollte *Gorbatschow* sein Land über eine Zeit der voraussehbaren Irrungen und Wirrungen allmählich „reif" für eine entschlossenere Neigung zur Marktwirtschaft machen wollen? Manches spräche dafür, jetzt konsequent den Weg zur Marktwirtschaft einzuschlagen und nicht – wie einst Ungarn – einen zwanzig Jahre dauernden Umweg durch ein Tal von Regulierungsillusionen und -enttäuschungen zu gehen.

Nehmen wir das Problem der nationalen Autonomiebestrebungen. In Verbindung damit fordern verschiedene Sowjetrepubliken eine „wirtschaftliche Rechnungsführung auf regionaler Ebene". Die Republiken beanspruchen also das Recht auf eigene Regulatoren. Die Folge wäre eine wirtschaftliche Desintegration der UdSSR. Welche Auswege gibt es? Eine Rezentralisierung à la DDR würde wegen des dann gleichfalls fehlenden einheitlichen Rechnungszusammenhangs wirtschaftliche Desintegration in anderer Form bedeuten. Diese Konsequenz kann nur durch den Übergang in eine marktwirtschaftliche „Preis-, Tausch- und Zahlungsgemeinschaft" im Sinne *Wilhelm Röpkes* verhindert werden. (Für den Dollar – gleich, ob in der Hand eines Ausländers, eines Georgiers oder eines Balten – öffnen sich heute schon überall in der Sowjetunion die Türen.)

Gorbatschows „Perestrojka" ist bislang kein Plan der konsequenten Liberalisierung des Wirtschaftssystems, mit dem es gelingen könnte, die sowjetische Volkswirtschaft den Erfordernissen der Zeit, vor allem der zunehmenden Internationalisierung der Wirtschaftsprozesse, anzupassen. Die beabsichtigte Kombination von direktem und indirektem Planvollzug, die bisher – ohne erkennbare Gewichtung und Qualifizierung des Instrumenteneinsatzes – im Mittelpunkt der aktuellen Reformen steht, ist – wie es auch in der Präambel zum Gesetz über den staatlichen Betrieb heißt – darauf angelegt, das Staatseigentum an den Produktionsmitteln zu „festigen" und den Zentralismus zu „vertiefen". Ich kann nicht erkennen, daß *Gorbatschow* die – wie ein Zeitgenosse schreibt – jahrzehntelang betriebene Schaukelpolitik beendet hat, Marktelemente so vorsichtig und zögernd in die staatliche Zentralverwaltungswirtschaft einzubauen, daß die Ideologie keinen Schaden nimmt. Zentrale Lenkung und administrierte Preise sind in der UdSSR keineswegs der „Schrott von gestern", sondern gängige Praxis von heute und – wenn es beim bisherigen Reformkurs bleibt – auch noch lange in der Zukunft.

Aber gibt es nicht im kleinbetrieblichen Bereich eine dominierend marktmäßige Koordination? Nach den Reformplänen *Gorbatschows* sollen Genossenschaften und „individuell Tätige" das staatliche Angebot von Waren und Dienstleistungen wesentlich(!) ergänzen, dem Wunsch nach immer mehr Selbständigkeit Rechnung tragen und den Staatsbetrieben Konkurrenz machen. Doch deutet manches darauf hin, daß den privaten und genossenschaftlichen Kleinbetrieben die Rolle des Lückenbüßers in einer weiterhin ineffizienten Staatswirtschaft zugewiesen wird.

Ihr Handlungsspielraum ist eng begrenzt und kann – bei fehlender effektiver Rechtsstaatlichkeit – jederzeit selektiv verändert werden. Gleichwohl gilt der Privatsektor überall in den sozialistischen Ländern des Ostblocks und Chinas als Wirtschaftszweig mit der höchsten ökonomischen Effizienz. Dies bestätigt die ungeheure Robustheit der inneren Anreize und Kontrollen durch private Verfügungsrechte. Bezeichnenderweise nimmt der sich damit eröffnende unternehmerische Gestaltungsspielraum mit dem Gewicht des Eigenleistungsanteils in der Produktion (also mit der Entfernung zur Staatswirtschaft) zu.

Solange die Rentabilität der Privatbetriebe ständig durch behördliche Eingriffe und Schikanen aller Art (hohe Abgaben, kleinliche Gängelei und Kontrollen, Papierkrieg, Feindseligkeiten der Miliz usw.) bedroht ist, solange jederzeit mit offener oder versteckter Enteignung von privaten Ressourcen gerechnet werden muß, fehlt es an Freiheiten für eine unternehmerische Betätigung, die auf die gesamte Volkswirtschaft ausstrahlt. Potentielle Unternehmer werden weiterhin in der Schattenwirtschaft bleiben oder Wirtschafszweige bevorzugen, in denen man sich und sein Kapital – wie im Handel – relativ leicht den staatlichen Zudringlichkeiten entziehen kann. Das Geschäft mit dem „schnellen Rubel" wird blühen und marktwirtschaftliche Ansätze unter dem Vorwand des Spekulantentums in Mißkredit bringen.

Die Schatten der sozialistischen Ideologie überspringen!

In der aktuellen Reformpolitik wird die überragende Bedeutung der Klein- und Mittelbetriebe für eine moderne leistungsfähige Volkswirtschaft und ihre besondere politische Schutzbedürftigkeit gegenüber Staatsbetrieben und Behörden nicht erkannt. Wo aber sonst könnte eine ausreichend große Zahl von Fachleuten mit unternehmerischen Begabungen und Erfahrungen Fuß fassen und heranwachsen? Wer sonst hätte die Voraussetzungen zu bieten, das zentralistisch-bürokratische Planungs- und Lenkungssystem zurückzudrängen oder gar überflüssig zu machen?

Die eingeleiteten Reformen lassen (noch) nicht erkennen, daß *Gorbatschow* in diesem Bereich ernsthafte Umgestaltungen beabsichtigt. Hierzu müßte die sowjetische Regierung über den seit *Lenin* systematisch ausgebreiteten Schatten jener sozialistischen Ideologie springen, die in den kleinbürgerlichen ökonomischen Elementen den „Hauptfeind des Sozialismus" sieht. *Lenin* hat immer wieder betont, es könne nur darum gehen, vorübergehend „mit den Wölfen des Kapitalismus zu heulen". Daran zu erinnern ist deshalb geboten, weil *Gorbatschow* sich ständig auf *Lenin* beruft – nur aus taktischen Erwägungen?

Lenin erkannte die Notwendigkeit ausgedehnter Wirtschaftsbeziehungen mit dem Westen, vor allem mit Deutschland. Hierbei konnte er sich auch auf *John Maynard Keynes* berufen. Dieser meinte in seiner 1919 erschienenen Schrift „The Economic Consequences of the Peace", die sowjetische Wirtschaft lasse sich in absehbarer Zeit nur durch „Vermittlung deutscher Unternehmung und Organisation" leistungsfähig gestalten. Die sowjetisch-deutsche Konzessionspolitik ist daraus hervorgegangen. Der Hauptzweck der Konzessionen der zwanziger Jahre bestand darin, westlichen Firmen die Nutzungsrechte an Roh- und Brennstoffquellen zeitlich befristet gegen Zahlung einer naturalen Abgabe abzutreten. Gegen die Gefahr der Abhängigkeit von „privatkapitalistischen Oasen" im eigenen Land wußte sich die sowjetische Regierung mit einer Fülle von expliziten, vor allem aber impliziten Vorbehalten zu schützen. Hatten sich die bei Vertragsabschluß vorliegenden Verhältnisse nach Ansicht der sowjetischen Regierung zu ihrem Nachteil verändert, entzog sie der Konzession faktisch die weitere Arbeitsbasis.

Heute ist jedes Gemeinschaftsunternehmen (joint venture) über selektive Mechanismen in die Planwirtschaft, konkret: in die materiell-technische Versorgung, die staatliche Finanzierung und Preisbildung, in das Koordinationsgewirr zwischen zentralen, territorialen und örtlichen Behörden einbezogen. Jedes Gemeinschaftsunternehmen beruht auf einem vom Obersten Sowjet zu beschließenden Gesetz. Die Selektion ist primär auf Importsubstituion gerichtet. Man möchte die Volkswirtschaft „störfrei" machen, was im Widerspruch zum Bekenntnis zum wirtschaftspolitischen Internationalismus steht.

Gorbatschow ist um wirtschaftspolitischen Internationalismus bemüht. Die Fragen der Konvertibilität des Rubel, der sowjetischen Mitgliedschaft im GATT und im IWF haben in Vorträgen sowjetischer Ökonomen im Westen Hochkonjunktur. Dies hat in Verbindung mit den Bemühungen *Gorbatschows*, sein Land aus der wirtschaftlichen und geistigen Verkümmerung herauszuführen, seinen guten Grund. Die Forderung nach einem entscheidenden Fortschritt der UdSSR in der Konvertibilitätsfrage entspricht der Einsicht, daß der sowjetische Außenhandel nicht die Verflechtung in die internationale Arbeitsteilung errreicht hat, die unter anderen Ordnungsbedingungen möglich wäre. Will *Gorbatschow* daran ernsthaft etwas ändern, muß er mit einer entschiedenen Entfesselung der Wirtschaft von der Politik zu Hause beginnen: „Convertibility begins at home".

Diese Funktionslogik setzt eine nationale Ordnung mit marktwirtschaftlichen Grundzügen voraus. Die Dezentralisierung der binnenwirtschaftlichen Entscheidungs-, Anreiz- und Kontrollstrukturen bedarf der Ergänzung durch Handelsliberalisierung und durch eine zahlungsbilanzorientierte Ausgestaltung der monetären Instrumente. Die Außenwirtschaft wäre also nicht mehr primär aufgrund staatlicher Präferenzen, Erwartungen und Entscheidungen zu gestalten. Vielmehr hätte sich der Staat prinzipiell auf die Rahmensetzung zu beschränken. Die Betriebe müßten sich an Veränderungen der in- und ausländischen Nachfrage anpassen und wären dem internationalen Wettbewerb direkt auszusetzen.

Von diesen Ordnungsbedingungen ist die UdSSR meilenweit entfernt. Deshalb verdienen die aktuellen Vorbehalte der USA gegen eine Mitgliedschaft der UdSSR im GATT und im IWF, ernstgenommen zu werden. Wer – wie manche Politiker in der Bundesrepublik – aus diesen Mitgliedschaften ohne weiteres eine „Bringschuld" des Westens machen möchte, läuft Gefahr, über eine Verstärkung des Pseudo-Internationalismus die Erscheinungen von weltwirtschaftlicher Desintegration und Instabilität zu vergrößern. Hält man sich an Fakten, so ist festzustellen:

☐ Bisher hat die UdSSR in der praktischen Arbeit der UNCTAD die westlichen Industrieländer angeprangert, die Entwicklungsländer auszubeuten und ihre Wirtschaftsentwicklung zu hemmen. Sie unterstützt die dirigistischen Konzepte zur internationalen Produktionslenkung und Umverteilung von Einkommen und die weitgehende Einschränkung der Lenkungsfunktion der Weltmarktpreise. Mit ihrem Einsatz für eine „neue Weltwirtschaftsordnung" spricht die Sowjetunion den Entwicklungsländern das Recht zu, ausländisches Kapital zu kontrollieren und zu enteignen. Sie stellt sich damit in den Dienst eines extremen wirtschaftspolitischen Nationalismus. Unter diesen Bedingungen ist an der Ernsthaftigkeit der Absicht zu zweifeln, den Rubel konvertierbar zu machen.

☐ Ab Januar 1987 sollen nach sowjetischen Quellen insgesamt 200 Außenhandelsorganisationen Außenhandelsgeschäfte „direkt" und „selbständig" führen dürfen. Doch was heißt „direkt" und „selbständig"? Das Prinzip des staatlichen Außenwirtschaftsmonopols gilt weiterhin. Es realisiert sich durch eine neue Superbehörde, die staatliche Außenwirtschaftskommission beim Ministerrat der UdSSR. Diese Konstruktion mag den Vorteil haben, daß die mit der indirekten Lenkung verbundene Gefahr einer weitgehenden Lockerung der Importpolitik, der keine vergleichbaren Maßnahmen zur Exportsteigerung gegenüberstehen, vorgebeugt werden kann. Die UdSSR scheint von den schlechten Erfahrungen der siebziger Jahre in Polen und Ungarn mit der Auflockerung der zentralen Entscheidungskompetenzen im Außenhandel gelernt zu haben. Dies hat aber zur Folge, daß das Prinzip der außenwirtschaftlichen Direktkontakte der Betriebe und ihre ökonomische Selbständigkeit in diesem Bereich weitgehend zur Fiktion erklärt werden müssen: Die neue Super-Außenhandelsbehörde wird zur Sicherung des Gleichgewichts der Zahlungsbilanz auf eine weitgehende Importkontingentierung in Verbindung mit einer systematischen Devisenbewirtschaftung angewiesen sein. Bei diesem Verfahren ist jeder Kontakt der Inlandspreise mit den Weltmarktpreisen, damit also die Basis für ökonomisch selbständige Entscheidungen der Betriebe im Außenhandelsbereich, zerstört.

Kredite und öffentliche Bürgschaften zur Stützung der Perestrojka?

Wie das sowjetische Reformexperiment enden wird, ist offen. Es gibt unter den gegebenen ordnungspolitischen Bedingungen keine Anhaltspunkte dafür, ob westliche Lieferungen in die UdSSR eine volkswirtschaftlich zweckmäßige Verwendung finden. In Situationen der extremen wirtschaftlichen Unsicherheit ist die Politik gut beraten, das Entscheidungsfeld denjenigen zu überlassen, die professionell mit der Unsicherheit umzugehen verstehen, den Unternehmern. Sie sind darauf spezialisiert, den jeweiligen Risiken angepaßte Möglichkeiten der Geschäftstätigkeit zu ergreifen, daraus Vorteile zu ziehen und für Fehlentscheidungen zu haften. Lohnt sich das Geschäft, so wird sich diese Erkenntnis bald in der gesamten Wirtschaft ausbreiten.

Die sowjetische Regierung hat allein den Schlüssel für verbesserte Direktkontakte mit westlichen Firmen in der Hand. Ist sie an erweiterten Geschäftsbeziehungen ihrer Betriebe mit westlichen Firmen interessiert, sollte sie sich herausgefordert sehen, alles zu tun, damit sich westliche

Unternehmen angezogen fühlen. Hierzu ist eine Entpolitisierung der Austauschbeziehungen die beste Grundlage. Auf westlicher Seite wird dies durch den Verzicht auf künstliche Sicherheiten, etwa auf Kredithilfen in Form von staatlichen Bürgschaften oder andere Maßnahmen der Exportförderung, erleichtert.

Literatur

Leonid Abalkin, Für eine moderne Konzeption des Sozalismus; in: Bundesinstitut für ostwissenschaftliche und internationale Studien (Hg.), Gelesen, kommentiert..., Nr. 16/1988 vom 25. November 1988.

Abel Aganbegyan, The Challenge: Economics of Perestroika; London 1988.

Franz Böhm, Eine Kampfansage an Ordnungstheorie und Ordnungspolitik; in: Ordo, Band XXIV, 1973, Seiten 11 ff.

Charta des privatwirtschaftlichen Unternehmertums: Der private Sektor außerhalb der Landwirtschaft in der Wirtschaft der Volksrepublik Polen; Fachbereich Ökonomie der Sozialwissenschaftlichen Fakultät der Katholischen Universität Lublin, April 1987.

Laszlo Csaba, What could Perestroika learn from the Fate of the Hungarian NEM? Unveröffentlichtes Manuskript, September 1988.

Ludwig Erhard, Gedanken aus fünf Jahrzehnten. Reden und Schriften herausgegeben von *Karl Hohmann;* Düsseldorf/Wien/New York 1988.

Walter Eucken, Von der alten zur neuen Wirtschaftspolitik; in: Frankfurter Allgemeine Zeitung, Ausgabe vom 30. Dezember 1949.

Gesetze und Beschlüsse über die grundlegende Umgestaltung der Leitung der Volkswirtschaft in der UdSSR; Berlin (Ost) 1987.

Roland Götz-Coenenberg/Uwe Halbach, Die Sowjetrepublik als Wirtschaftssouverän; Aktuelle Analysen des Bundesinstituts für ostwissenschaftliche und internationale Studien, Nr. 57/1988.

Michail Gorbatschow, Perestroika. Die zweite russische Revolution; München 1987.

Hannelore Hamel/Helmut Leipold, Wirtschaftsreformen in der DDR: Ursachen und Wirkungen; Arbeitsberichte zum Systemvergleich, Nr. 10, Marburg 1987.

Friedrich A. von Hayek, Mißbrauch und Verfall der Vernunft; 2. Auflage: Salzburg 1977.

Wladyslaw W. Jermakowicz, From *Stalin* to *Gorbatschev.* Analysis of the Foundations and Prospects of the Soviet Economic Reforms from 1949 to 1987; in:

Ronald D. Liebowitz (Hg.), Gorbachev's New Thinking; Cambridge/Mass. 1988, Seiten 111 ff.

B. P. Kurashvili, Restructuring and the Enterprise; Problems of Economics, Vol. XXXI, No. 5, 1988, Seiten 23 ff.

Helmut Leipold, Die Bedeutung der Reformpolitik für die Innovationsfähigkeit der sowjetischen Wirtschaft; in: *Dieter Cassel* (Hg.), Wirtschaftssysteme im Umbruch; erscheint 1989.

Wilhelm Röpke, Artikel „Sozialisierung"; in: Handwörterbuch der Staatswissenschaften, 7. Band, 4. Auflage: Jena 1926.

Peter Scheibert, Lenin an der Macht; Weinheim 1984, Seiten 193 ff.

Joseph A. Schumpeter, Kapitalismus, Sozialismus und Demokratie; 3. Auflage: München 1972.

Alfred Schüller/Reinhard Peterhoff, Gorbatschow-Reform: Modell für Osteuropa? In: *Hans Giger/Willy Linder* (Hg.), Sozialismus: Ende einer Illusion; Zürich 1988, Seiten 321 ff.

Ljubo Sirč, The State of Gorbachev's Soviet Union; London 1988.

Die Reformen in der Sowjetunion und ihre Auswirkungen auf das Comecon

Wolfgang Seiffert

Divergierende Integrationskonzepte, unvereinbare Ziele, eindeutige Fehlschläge

Neue Strategien: Neue Widersprüche und Probleme

Das Comecon als Hemmschuh für Reformen in Osteuropa?

Zum Reformprogramm des sowjetischen Generalsekretärs gehört eine Neugestaltung der ökonomischen Zusammenarbeit im RGW. RGW ist die DDR-deutsche Abkürzung für „Rat für Gegenseitige Wirtschaftshilfe"; im Westen gebraucht man den Terminus technicus Comecon, in Moskau sagt man SEW.

Wenn *Gorbatschow* von der Verbesserung der „Integration" spricht – so zum Beispiel in seinem Buch „Perestrojka" –, kann dies nicht verwundern: Schon mit Rücksicht auf seine ideologischen Gegner ist er an die Terminologie gebunden, die seit der Annahme des sogenannten „Komplexprogramms" des Comecon von 1971 üblich geworden ist. Unverständlicher ist es jedoch, wenn auch im Westen, und zwar in wissenschaftlichen wie in politischen Publikationen, daran festgehalten wird, die wirtschaftliche Entwicklung im Comecon mit dem Begriff der „Integration" zu belegen[1]. Einerseits muß das, was die Staaten des Comecon mit dem 1971 verabschiedeten „Komplexprogramm" unter dem Stichwort einer „sozialistischen ökonomischen Integration" eingeleitet haben, als gescheitert angesehen werden. Andererseits führt die von *Gorbatschow* und seinen Wirtschaftsreformen anvisierte Effizienzerhöhung der Zusammenarbeit im Comecon, sollte sie erfolgreich verwirklicht werden, nicht zu der 1971 versuchten Integration zentralistischer Planwirtschaften, sondern zu den Anfängen eines gemeinsamen Marktes im Comecon.

Divergierende Integrationskonzepte, unvereinbare Ziele, eindeutige Fehlschläge

Folgt man mit Blick auf die Vergangenheit den Intentionen des „Komplexprogramms" des Comecon von 1971, den damaligen Vorstellungen der meisten Wirtschaftswissenschaftler, Politologen, Philosophen und Juristen der Comecon-Länder sowie den programmatischen Äußerungen der politischen Führungen aus jener Zeit, so war eine selektive und sektorale Wirtschaftsintegration angestrebt worden, die in diesen Grenzen eine „sozialistische Wirtschaftsgemeinschaft" mit moderner Technik, gemeinsamer Währung, gemeinsamer Binnen- und Außenwirt-

---
[1] Vgl. zum Beispiel: *Christian Meier*, Neue Konzepte für die Wirtschaftsintegration im RGW? Köln 1988.

schaftsplanung und einem funktionierenden regionalen Markt hervorbringen sollte. Diese Gemeinschaft wurde verstanden als eine, in der sich „internationale Reproduktionsprozesse vollziehen und in der sich die Hauptzentren des Erfindertums von Weltbedeutung" befinden sollten. So jedenfalls schrieb der sowjetische Wirtschaftswissenschaftler *Michail W. Senin* in seinem Buch „Sozialistische Intergration", das ich gemeinsam mit *Willi Kunz* in der DDR veröffentlicht habe.

Nun bedarf es wohl keines Beweises, daß das Comecon achtzehn Jahre danach von dieser Zielsetzung weit entfernt ist. Nicht nur ist die UdSSR – wie *Gorbatschow* schon im Juni 1987 vor dem Zentralkomitee in Moskau ausführte – in wissenschaftlicher und technischer Hinsicht hinter den westlichen Industriestaaten zurückgeblieben, während diese ihre Wirtschaft mit Blick auf die neuen technischen Entwicklungen umstrukturiert hätten. Auch die anderen Comecon-Staaten leiden mehr oder weniger unter der gleichen Misere.

Es wäre nun allerdings wissenschaftlich unzureichend, wollte man die Ergebnisse des Comecon an den Zielsetzungen messen, die in den offiziellen Dokumenten der Comecon-Staaten fixiert sind oder die in ökonomischen Modellvorstellungen den Prozeß der ökonomischen Zusammenarbeit im Comecon darstellen. Maßstab kann immer nur sein, wie objektiv notwendige und mögliche Fortschritte in der Wirtschaftszusammenarbeit erreicht oder verfehlt wurden. Gerade ein solches Herangehen führt aber zum Schluß, daß nur eine Marktintegration die angestrebten Effekte hätte hervorbringen können.

Einem solchen Schritt standen jedoch damals die politischen Strukturen, der politische Wille der meisten Comecon-Länder und die politisch motivierte Intergrationskonzeption der Sowjetunion entgegen. Infolgedessen konnte es sich von Anfang an nur um eine Integration zentralistischer Planwirtschaften handeln, deren Impetus allein die permanente Anwendung administrativer Maßnahmen und Methoden durch nationale Instanzen und deren Koordination durch internationale Institutionen sein konnte. Aber auch der konsequenten Durchführung einer solche Integrationskonzeption standen die unterschiedlichen ökonomischen Interessen und nationalen Bedingungen und Belange der in ihrem Entwicklungsniveau sehr heterogenen Mitgliedsländer des Comecon entgegen.

Infolgedessen konnten nur wenige und begrenzte Fortschritte erzielt werden, die sich auf eine Verbesserung der Plankoordinierung, die

Errichtung einiger Investitionsobjekte, die Bildung von einigen internationalen Wirtschaftsvereinigungen beschränkten und sich ansonsten in einem bürokratischen Ausbau des organisatorischen Mechanismus der Zusammenarbeit niederschlugen.

Auch die inhaltliche Reduzierung und gleichzeitige zeitliche Ausdehnung des Integrationsprogramms in Form sogenannter „langfristiger Zielprogramme" konnte nicht verhindern, daß sich die Schwächen vertieften, die der Zusammenarbeit zentralistischer Planwirtschaften innewohnen, und zusammen mit anderen Faktoren schließlich zur Krise der gesamten Region des Comecon führten. Die Kennzeichen dieser Krise sind ein anhaltender Rückgang des Wirtschaftswachstums, die Stagnation des Intrablock-Handels im Comecon bis hin zu Entflechtungstendenzen, eine hohe Verschuldung gegenüber den OECD-Ländern und eine weithin bestehende Innovationsunlust[2].

Neue Strategien: Neue Widersprüche und Probleme

Versteht man unter dem Funktionsmechanismus eines Systems die Gesamtheit der Instrumente, Formen und Methoden, die sein Funktionieren sichern, so ist ein System stabil, wenn es nach Störungen wieder zum Gleichgewicht tendiert. Erreicht die funktionelle Störung des Systems eine Qualität, durch die das Wiedererreichen von Gleichgewicht ausgeschlossen wird, so spricht man von Funktionsuntüchtigkeit des Mechanismus. Die eingetretene Instabilität kann dann nur überwunden werden, wenn entweder der Mechanismus des Systems weiterentwickelt oder das System selbst durch ein stabileres ersetzt wird.

Die erste Möglichkeit scheidet aus, wenn das System nicht in der Lage ist, eine widerspruchslose Strategie zur Stabilisierung zu entwickeln. In diesem Zustand befindet sich das Comecon gegenwärtig. Dies ist inzwischen von der Sowjetunion und den meisten Mitgliedstaaten des Come-

---

2 Vgl. zu dieser Entwicklung: *Wolfgang Seiffert*, Das Rechtssystem des RGW. Eine Einführung in das Integrationsrecht des RGW; Baden-Baden 1962; *Wolfgang Seiffert*, Kann der Ostblock überleben? Der RGW und die Krise des sozialistischen Wirtschaftssystems; Bergisch-Gladbach 1983; *Wolfgang Seiffert*, Integration und Desintegration im RGW. Der Funktionsmechanismus der Integration zentralistischer Planwirtschaften; in: Edition Deutschland-Archiv, Die DDR vor den Herausforderungen der 80er Jahre; Köln 1983; *Wolfgang Seiffert*, Anfang eines gemeinsamen Marktes im RGW? In: Neue Zürcher Zeitung, Ausgabe vom 1./2. Mai 1988, Seite 37.

con anerkannt worden. Während noch auf der 43. außerordentlichen Ratstagung des Comecon vom 13. bis 14. Oktober 1987 in Moskau die von der Sowjetunion unter *Gorbatschow* geforderte Umgestaltung des Mechanismus der Zusammenarbeit infolge des Widerstands Rumäniens und der DDR nicht einmal diskutiert wurde[3], war die 44. Tagung vom 5. bis 7. Juli 1988 in Prag von der Kritik an den bisherigen Ergebnissen und Formen und der Zusammenarbeit und der Orientierung auf ein neues strategisches Ziel, nämlich den gemeinsamen Comecon-Markt, gekennzeichnet[4].

Allerdings führte diese Zuspitzung zwangsläufig zu einem konfliktreichen Verlauf der Tagung und zur Offenlegung eines Zustandes dieser Wirtschaftsgemeinschaft, der zeigt, daß die Zeit der Idylle im Comecon vorbei ist und keine Einmütigkeit mehr unter den Ratsmitgliedern besteht[5]. Diese Desintegrationstendenz hat sich inzwischen fortgesetzt, die Instabilität der Region des Comecon vor der 45. Ratstagung, die 1989 stattfinden soll, hat weiter zugenommen[6].

Schon das unter *Gorbatschow* im Dezember 1985 auf der 41. Tagung des Comecon in Moskau angenommene neue „Komplexprogramm zur Förderung des wissenschaftlich-technischen Fortschritts bis zum Jahr 2000" wurde – jedenfalls von der sowjetischen Führung – als „Kernstück" einer neuen Strategie verstanden, die das Niveau und die Formen der Zusammenarbeit nicht nur um – wie *Gorbatschow* sich ausdrückt – „ein, zwei Teilstriche, sondern um eine ganze Größenordnung" verbessern sollte. Dieses Programm sollte auf fünf ausgewählten Gebieten – Elektronik, Automatisierung, Kernenergie, neue Werkstoffe und Biotechnologie – die umfassende Kooperation und Zusammenführung der wichtigsten Forschungsressourcen sichern und so einen maximalen Beitrag der Comecon-Staaten zur Modernisierung der sowjetischen Wirtschaft leisten. Doch schon bei der Implementierung dieses Programms in die nationalen und Comecon-Mechanismen gab es Verzögerungen und Widerstände einzelner Mitgliedsländer. Vor allem aber erwies sich

---

3 Vgl. *Friedrich Levcik*, Im RGW noch wenig Glasnost; in: Europäische Rundschau, Nummer 4/1988, Seiten 60 f.
4 *Christian Meier*, Neue Konzepte..., a. a. O.; *Jurij S. Schirjajew*, Strani SEW: Novaja Konceptija sotrudnicestva; in: Kommunist (Moskau), Heft 5, Seiten 87 ff.
5 Vgl. auch Süddeutsche Zeitung, Ausgabe vom 8. Juli 1988.
6 Vgl. *Jochen Bethkenhagen*, Unterschiedliche Reaktionen Osteuropas auf die sowjetische Reformpolitik; in: Neue Zürcher Zeitung, Ausgabe vom 10. Februar 1989, Seite 17.

die vorwiegend organisatorische und administrative Anlage dieses Programms als ernsthafter Hemmschuh bei seiner Verwirklichung.

Wenn ich es richtig sehe, will *Gorbatschow* das Problem nun auf zwei Wegen angehen. Einmal soll es zu direkten Verbindungen, den sogenannten „neposredstwennyje swjasi", also Produktionsverbindungen zwischen den einzelnen Produktionsunternehmen unter Ausschaltung der staatlichen Außenhandelsorganisationen der einzelnen Länder kommen. Zum anderen sollen Gemeinschaftsunternehmen der Comecon-Staaten gegründet werden.

Inzwischen sind entsprechende Verträge sowjetischer Unternehmen und Forschungseinrichtungen über Direktbeziehungen mit 140 Partnern in der ČSSR, mit 80 in Bulgarien, mit 70 in Ungarn, mit 90 in der DDR sowie mit 240 in Polen geschlossen worden. Die DDR hat ihren Wirtschaftseinheiten sogar einen sogenannten „Rahmen der anzuwendenden Vertragstypen" für solche Direktbeziehungen vorgegeben. Er ist nur in einer internen Schrift[7], nicht jedoch im Gesetzblatt der DDR veröffentlicht worden.

Dennoch bleiben die bisherigen Ergebnisse für die sowjetische Führung schon deshalb völlig unbefriedigend, weil – auch nach den inzwischen zum Beispiel zwischen der DDR und der Sowjetunion vereinbarten Abkommen – die Direktbeziehungen nur „in Übereinstimmung mit der in jedem Land geltenden Ordnung" hergestellt und durchgeführt werden dürfen. Das heißt aber, daß die „Direktbeziehungen" – im Widerspruch zu der eigentlichen Zielsetzung – weiterhin von den Entscheidungen der zentralen Wirtschaftsbürokratie abhängig bleiben. Dies könnte nur dann anders werden, wenn die Wirtschaftsbeziehungen nicht auf der Grundlage der bloßen Verrechnungseinheit des Transfer-Rubels, sondern auf der Basis echter Außenhandelspreise und der Konvertibilität der nationalen Währungen abgewickelt würden und die Wirtschaftsunternehmen in allen Comecon-Ländern entsprechende Kompetenzen erhielten.

Auf die Entwicklung eines solchen gemeinsamen Marktes zielen denn auch im Grunde die Reformpläne *Gorbatschows* und seiner Ökonomen für die Wirtschaftszusammenarbeit im Comecon[8]. Doch eine solche Umgestaltung ist ohne tiefgreifende Veränderungen des Preis-, Wäh-

---

7 Veröffentlicht in der DDR-Zeitschrift „Recht der internationalen Wirtschaftsbeziehungen".
8 Vgl. *Jurij S. Schirjajew,* Strani SEW..., a.a.O.

rungs- und Finanzsystems in den einzelnen Comecon-Ländern und in den Wirtschaftsbeziehungen zwischen ihnen nicht möglich[9]. Mit anderen Worten: ein gemeinsamer Markt im Comecon setzt voraus, daß es in den einzelnen Mitgliedsstaaten wirkliche Binnenmärkte gibt. Zwischen diesen Binnenmärkten soll dann eine „gegenseitige freie Bewegung von Waren, Leistungen und anderen Produktionsfaktoren" hergestellt werden[10].

Dieses Ziel ist inhaltlich zweifelsohne eine Anleihe bei den Integrationsprozessen, die sich in den Europäischen Gemeinschaften vollziehen. Überhaupt zeichnet sich bei einigen Comecon-Staaten in jüngster Zeit immer deutlicher die Tendenz ab, Methoden der EG für die Lösung der eigenen Probleme zu nutzen[11].

Gegen eine solche Konzeption der Deregulierung der Wirtschaftsbeziehungen aber wenden sich Länder wie Rumänien und die DDR. Wegen ihrer ökonomischen und wissenschaftlich-technischen Potenz interessiert hierbei vor allem das Harmonisierungskonzept der DDR[12].

Die Ursachen der aufgetretenen Schwierigkeiten in der Comecon-Zusammenarbeit liegen für die DDR nicht im Fehlen eines marktgerechten Preis-, Währungs- und Finanzsystems, sondern in einem Mangel an Stabilität, Planmäßigkeit und Vertragstreue[13].

Von einer Orientierung auf Marktwirtschaft kann keine Rede sein. Und was das verschleiernde Adjektiv „sozialistisch" und den Begriff „sozialistische Marktwirtschaft" anbelangt: Ich halte das für „gebratenes Eis". Entweder will man Marktwirtschaft, oder man will Planwirtschaft. Man kann nicht das eine wollen und das andere ebenfalls. Man mag die jeweilige Entscheidung aufgrund von Geschmack, Überzeugung oder

---

9 *Friedrich Levcik*, Im RGW... a.a.O.
10 So wörtlich das „Kommuniqué der 44. Tagung des Rates für Gegenseitige Wirtschaftshilfe", Text in: Prawda, Ausgabe vom 8. Juli 1988, deutsch in: Neues Deutschland, Ausgabe vom 8. Juli 1988, Seite 3.
11 Vgl. etwa das Interview der „Literaturnaja gaseta", Ausgabe vom 8. Februar 1989, Seite 2, mit dem Sekretär des Comecon, *Sytschow*, und dem Direktor des Internationalen Instituts für ökonomische Probleme des sozialistischen Weltsystems, *Schirjajew*.
12 Vgl. auch *Alfred Schüller*, Die Sowjetunion und die DDR im handelspolitischen Konflikt. Deregulierung contra Harmonisierungskonzept; in: Neue Zürcher Zeitung, Ausgabe vom 5./6. Februar 1989, Seite 11.
13 Vgl. die Rede des DDR-Ministerpräsidenten *Willi Stoph* auf der 44. Ratstagung des Comecon; abgedruckt in: Neues Deutschland, Ausgabe vom 6. Juli 1988; sowie den Leitartikel „40 Jahre Zusammenarbeit im Rat für Gegenseitige Wirtschaftshilfe"; in: Neues Deutschland, Ausgabe vom 7./8. Januar 1989, Seite 2.

wissenschaftlichem Nachdenken treffen. Aber beides miteinander zu verbinden, ist nur eine schlecht gewählte Methode, ideologische Bedürfnisse zu befriedigen.

Die DDR – das heißt die politische Führung in der DDR unter *Honecker* – wendet sich gegen eine Orientierung auf Marktwirtschaft, weil sie befürchtet, daß hierdurch die zentralistische Befehlsgewalt der politischen und Planungsbürokratie eingeschränkt und ein unkontrollierter Transfer von technischem Wissen aus der DDR in die Sowjetunion – bei gleichzeitiger Unterbewertung ihrer immateriellen Leistungen – gefördert würden. Die politische Führung der DDR unter *Honecker* und dem Sekretär des Zentralkomitees für Wirtschaftsfragen, *Günter Mittag*, will jedoch die Befehlswirtschaft beibehalten, weil sie glaubt, nur so die Dinge in der politisch unruhig gewordenen und über ein umfangreiches Forschungspotential verfügenden DDR in der Hand behalten zu können. Deshalb hat die DDR Direktbeziehungen zwischen Wirtschaftsunternehmen der Comecon-Staaten nur unter zentralem Reglement und in begrenztem Umfang zugelassen und auf der 43. Ratstagung im Oktober 1987 wie Rumänien und Vietnam gegen die Einführung der Konvertibilität der Währungen der Comecon-Länder gestimmt.

Wegen des Einstimmigkeitsprinzips, das das Statut im Comecon beherrscht, ist infolgedessen eine generelle Einführung der Währungskonvertibilität im Comecon verhindert worden. Nur sieben sogenannte „interessierte Länder" können künftig bilateral eine eng begrenzte Konvertibilität ihrer Währungen praktizieren. Diese Konvertiblität ist auf Lieferungen und Bezüge im Rahmen der sogenannten Direktbeziehungen beschränkt. Darüber hinaus dient der Transfer-Rubel nur als nominelle Verrechnungseinheit. Eine generelle Währungskonvertibilität zwischen den Comecon-Ländern ist damit für lange Zeit ausgeschlossen worden.

Das gleiche gilt für die Außenhandelspreise. Die bisher gültige Methode zur Berechnung der Preise im Comecon-Handel – die zwar auf der Basis der Weltmarktpreise erfolgt, die aber dennoch „gleitende Festpreise" sind – wurde beibehalten. Der von *Gorbatschow* geforderte gemeinsame sozialistische Markt ist damit zunächst auf der Strecke geblieben.

Nun sind Konvertibilität der Währungen und Marktpreise sicher keine Allheilmittel, schon gar nicht für die Förderung des technischen Fortschritts. Aber ohne sie kann es auch im Comecon keinen funktionierenden Markt geben. Ohne einen funktionierenden Markt aber kann weder die wirtschaftliche und technische Zusammenarbeit die geforderte Effizienz erreichen, noch können Wirtschaftsreformen in den einzelnen Ländern wirklich greifen.

Die Notwendigkeit solcher Reformen besteht aber nicht nur aus der Sicht der Sowjetunion, sondern auch für die DDR. Nicht nur, daß auch in der DDR die Wachstumsraten gesunken sind, vielmehr trifft die weit verbreitete Innovationsunlust gerade die wissensintensive Wirtschaft der DDR besonders hart. Mit ihrer gegenwärtigen Haltung gegenüber der Reformpolitik *Gorbatschows* schneidet sich die DDR im Grunde ins eigene Fleisch.

Das Comecon als Hemmschuh für Reformen in Osteuropa?

Nun haben auf der 44. Ratstagung alle Comecon-Länder, mit Ausnahme Rumäniens, der neuen strategischen Orientierung zur Schaffung eines gemeinsamen Comecon-Marktes zugestimmt. Aber diese Tatsache kann nicht den Formelkompromiß verdecken, der darin besteht, daß die Voraussetzungen für „die schrittweise Herausbildung der Bedingungen" für die „Schaffung eines gemeinsamen Marktes in der Perspektive" untersucht werden sollen[14]. Insbesondere hat die DDR deutlich gemacht, daß sie auch künftig an ihrem Harmonisierungskonzept festhält, und sie hat für die Untersuchung der Voraussetzungen für einen gemeinsamen Markt einen Zeitraum veranschlagt, der sicherstellt, daß in diesem Jahrhundert keine praktischen Konsequenzen mehr in Betracht gezogen werden[15].

Etwas salopp formuliert, ist die Lage so: Die Rumänen sagen brutal: Die Orientierung auf den gemeinsamen Markt ist ein Abweichen von den geheiligten Grundsätzen des Marxismus-Leninismus. Die DDR drückt diese Ansicht diplomatischer und geschickter aus. Sie sagt, was gewiß immer zutreffend ist, wenn etwas Neues eingeführt werden soll: Man muß die Voraussetzungen prüfen. Aber sie orientiert sich dabei an Voraussetzungen und Zeiträumen, die de facto ausschließen, daß in absehbarer Zeit überhaupt etwas geschieht.

---

14 Vgl. das Kommuniqué dieser Tagung, a.a.O.
15 Vgl. die in Anmerkung 13 genannten Erklärungen.

Diese Verweigerungsstrategie zeigt sich in Feinheiten, etwa darin, daß der Begriff des gemeinsamen Marktes in der DDR regelmäßig mit „vereinigtem Markt" übersetzt wird, obwohl in den Comecon-Dokumenten eindeutig – in Russisch, Bulgarisch, Polnisch, Ungarisch usw. – vom „gemeinsamen Markt" die Rede ist[16] und es sich dabei nicht nur um einen Terminus technicus, sondern eigentlich um eine konzeptionelle Orientierung handelt.

Wir müssen somit davon ausgehen, daß die konzeptionellen Vorstellungen der Comecon-Länder über die Zukunft ihrer wirtschaftlichen Zusammenarbeit weiter denn je differieren. Es besteht eine vertiefte Frontstellung zwischen jenen europäischen Comecon-Staaten, die ihre Reformpolitik im Innern auch mit Konsequenzen für die Reform der Zusammenarbeit im Comecon verbinden – also Sowjetunion, Polen, Ungarn –, und jenen Mitgliedsstaaten, die an der zentralistischen Planwirtschaft festhalten – Rumänien, DDR – und lediglich eine Perfektionierung der entsprechenden Methoden befürworten. Allenfalls kann man damit rechnen, daß Bulgarien und die ČSSR sich allmählich der ersten Gruppe anschließen werden.

Für eine solche Beurteilung spricht auch, daß in jüngster Zeit aus den Comecon-Staaten Erwägungen bekannt geworden sind, einen engeren Zusammenschluß der reformfreudigen und nach Marktwirtschaft strebenden Comecon-Länder zu organisieren, den angestrebten gemeinsamen Markt also auf die Sowjetunion, Polen und Ungarn zu beschränken, dem sich später Bulgarien anschließen könnte. Schon der sowjetische Ministerpräsident *Ryschkow* hatte betont, daß man die neuen Methoden der Zusammenarbeit „auf der Basis der vollen Freiwilligkeit unter Nutzung zweiseitiger und mehrseitiger Vereinbarungen der interessierten Länder" einführen könne[17]. Ähnlich äußerte sich der Sekretär des Comecon, *Wjatscheslaw Sytschow*[18].

Nun bietet in der Tat das im Statut des Comecon geregelte „Prinzip der Einstimmigkeit der interessierten Länder" eine Reihe flexibler Möglichkeiten, einzelne Maßnahmen der Zusammenarbeit auf einen Kreis „interessierter Länder" zu beschränken, so daß die „nicht interessierten" Länder die „interessierten" nicht an gewünschten Fortschritten hindern

---

16 Hierauf macht *Levcik* aufmerksam, a.a.O., Seite 71.
17 Prawda, Ausgabe vom 6. Juli 1988.
18 Der Tagesspiegel, Ausgabe vom 10. Februar 1989, Seite 3.

können. Doch dieses Prinzip gilt nicht für grundsätzliche, das Interesse aller Mitgliedsstaaten betreffende Fragen[19]. Daß die Schaffung eines gemeinsamen Comecon-Marktes die Interessen aller Mitgliedsstaaten berührt, steht aber wohl außer Frage. Entsprechende Vereinbarungen können somit nach dem Comecon-Statut nur mit Zustimmung aller Mitgliedsstaaten gefaßt werden.

Dieser Entscheidungsmechanismus gilt auch für eine Änderung des Comecon-Statuts, zum Beispiel für die Einführung von Mehrheitsbeschlüssen. Ein Ausweg wäre juristisch insofern denkbar, als die Mitgliedsstaaten des Comecon keine Hoheitsrechte auf das Comecon übertragen haben, also sich als interessierte Staaten grundsätzlich auch außerhalb des Comecon zu engeren Wirtschaftszusammenschlüssen verbinden können. Ob man aber einen solchen offensichtlichen Schritt der Spaltung des Comecon auch politisch beschreiten will, ist zumindest offen. Für ein Land wie die DDR wäre ein solcher Schritt der Ausgliederung ihrer Wirtschaft aus einem engeren Zusammenschluß mit der UdSSR, Polen und Ungarn wohl kaum dauerhaft zu verkraften.

Andererseits ist nicht zu übersehen, daß die Bildung des Europäischen Binnenmarkts den Druck auf die Comecon-Staaten verstärkt, ihrerseits innere Reformbestrebungen voranzubringen und einen Comecon-Mechanismus einzurichten, der bilaterale Vereinbarungen mit der Europäischen Wirtschaftsgemeinschaft erlaubt[20].

Darüber, wie die Entwicklung im Comecon weiter verlaufen wird, wird vielleicht die nächste Ratstagung Auskunft geben. Fest steht jedoch, daß ein Wandel im Comecon zu mehr Effizienz nur erreicht werden kann, wenn künftig die wirtschaftliche und wissenschaftlich-technische Zusammenarbeit nicht ihre administrativen Formen perfektioniert, sondern dazu übergegangen wird, Marktbeziehung zu organisieren. Die Aufgabe ist nicht aufschiebbar, haben doch die europäischen Comecon-

---

19 Dazu ausführlich: *Wolfgang Seiffert*, Das Rechtssystem des RGW..., a.a.O.
20 Vgl. dazu *Wolfgang Seiffert*, Die Aufnahme offizieller Beziehungen zwischen EWG und RGW; in: Friedenswarte Nr. 67, Berlin 1989. – Die erforderliche Unterscheidung zwischen den Europäischen Gemeinschaften (EG) und der Europäischen Wirtschaftsgemeinschaft (EWG) wird in der wissenschaftlichen Literatur, vor allem aber in den Medien, nicht immer sauber getroffen. So wird beispielsweise behauptet, das Comecon hätte offizielle Beziehungen zu den EG aufgenommen. Das ist nicht zutreffend. Vielmehr wurde eine gemeinsame Erklärung zwischen dem RGW und der EWG unterzeichnet. Völkerrechtliche Vereinbarungen mit den EG sind schon deshalb nicht möglich, weil die EG keine selbständige Völkerrechtssubjektivität besitzt. Deren Träger sind die drei Vereinigungen.

Staaten seit 1965 erhebliche Marktanteile in der OECD eingebüßt. Sie laufen Gefahr, den Anschluß auf dem Weltmärkten zu verlieren.

Eine jüngst veröffentlichte Studie des Instituts für Weltwirtschaft in Kiel kommt zu dem überzeugend begründeten Ergebnis, daß die Comecon-Länder ihren Wettbewerb – wenn man überhaupt von einem solchen auf wirtschaftlichem Gebiet sprechen kann – künftig mit den Schwellenländern der Dritten Welt durchführen werden, während die Frage eines Wettbewerbs mit den entwickelten kapitalistischen Industriestaaten nicht mehr zur Diskussion steht[21].

Die jüngste Entwicklung stimmt auch deshalb wenig optimistisch, weil statt der in Aussicht genommenen Gipfelkonferenz der Comecon-Staaten, die eigentlich im März 1989 stattfinden sollte, sich jetzt nur die Wirtschaftssekretäre der kommunistischen Parteien der Comecon-Länder getroffen haben. Aus dem Kommuniqué dieser Tagung ergibt sich nichts Sonderliches[22].

Sofern eine echte Gipfelkonferenz 1989 in Prag stattfindet, wird es nach dem, was ich hier in aller Kürze vorgetragen habe, um die grundsätzliche Diskussion gehen, ob man weiter an den administrativen Formen festhält oder ob man wirklich Anstrengungen unternimmt, zu einem gemeinsamen Markt überzugehen. Wenn einige Länder den Weg zu einem gemeinsamen Markt nicht mitgehen wollen, stellt sich die weitergehende Frage, ob dieser Weg nur von den reformwilligen und auf Marktwirtschaft orientierten Mitgliedsstaaten des Comecon gegangen werden sollte.

---

21 *Wojciech Kostozewa*, Verpaßt Osteuropa den Anschluß auf den Weltmärkten? Kieler Diskussionsbeiträge 144, Kiel 1988.
22 Vgl. Prawda, Ausgabe vom 8. März 1989, Seite 4; Neues Deutschland, Ausgabe vom 8. März 1989, Seiten 1 und 3, sowie Ausgabe vom 9. März 1989, Seite 3.

Gorbatschows „neues Denken": Dekoration für alte Fehler

Hermann von Berg

Perestrojka: Ein nur kurzzeitiger Rückfall des Sozialismus in kapitalistische Methoden

Reformen im Sozialismus sind objektiv unmöglich

Perestrojka: Ein nur kurzzeitiger Rückfall des Sozialismus in kapitalistische Methoden

Erstmalig in der Weltgeschichte ist 1917 eine kommunistische Partei an die Macht gekommen. Eigentlich müßte man erwarten, daß eine Partei, die die Macht übernimmt, ein neues Konzept vorlegt. Man sollte annehmen, daß die „Neue Ökonomische Politik", auf die sich heute der Reformflügel in der KPdSU so stark beruft, am Anfang der Geschichte der KPdSU steht. Diese Annahme trifft jedoch nicht zu. Wir haben vielmehr zu verzeichnen, daß die „Neue Ökonomische Politik" erst 1921 formuliert wurde. Warum? Welche Politik galt von 1917 bis 1921?

Zwischen 1917 und 1921 galt das Programm der direkten Einführung des Kommunismus – nicht des Kriegskommunismus, wie oft verfälschend gesagt wird. 1917 begann der Versuch, durch die Abschaffung von Geld, Löhnen, Preisen, durch die administrative Erfassung und Verteilung aller Produktionsfaktoren und Reserven in Industrie, Landwirtschaft und Dienstleistung den Kommunismus auf direktem Wege einzuführen.

Dieses Programm endete mit Bauern- und Volksaufständen sowie mit der bekannten Erhebung der Matrosen in Kronstadt, von Bauernsöhnen in Uniform. Neben der herrschenden Hungersnot, die nach offiziellen Angaben etwa sechs Millionen Opfer forderte, war diese Situation der Grund für *Lenin,* eine Kehrtwendung in bemerkenswerter Schärfe durchzuführen und die „Neue Ökonomische Politik" zu proklamieren.

Was also war diese „Neue Ökonomische Politik"? Sie war die alte Politik: Geld wurde wieder eingeführt. Die Staatsbank wurde wiedereröffnet. Löhne wurden gezahlt; Leistungsanreize wurden geschaffen. Es gab wieder Mieten, wenn auch nur sehr bescheidene. Briefmarken wurden wieder geklebt usw. Die Utopie hatte sich in der Praxis als undurchführbar erwiesen. Es kam zur sogenannten „Neuen Ökonomischen Politik", aber diese „neue" Politik war die alte.

Um die Gedanken der „Neuen Ökonomischen Politik" kreisen heute die meisten Überlegungen des Reformflügels der Partei. Diese Politik griff – wie man es heute wieder anstrebt – zurück auf ökonomische Selbstregulierung, auf Eigeninitiative und das materielle und finanzielle Interesse, und das alles, um die Leistungsbereitschaft zu aktivieren.

Die Bauern hatten während der Zeit der direkten Einführung des Kommunismus ihre Anbauflächen eingeschränkt, weil ihre Produkte beschlagnahmt wurden. Im Rahmen der „Neuen Ökonomischen Politik" wurde eine Naturalsteuer eingeführt. Nach zwei Jahren wurde diese Steuer durch eine Geldsteuer ersetzt. Die Bauern durften ihre Produktionsüberschüsse frei verkaufen. Mit diesen Maßnahmen ereichten die Bolschewiki binnen kurzem eine Lösung des Ernährungsproblems für Rußland. Nach zwei Jahren konnte bereits wieder Getreide exportiert werden.

Wer die Wirtschaftsentwicklung zwischen 1921 bis 1927 betrachtet, muß sich fragen: Warum wurde diese erfolgreiche Politik stranguliert? Die Antwort ist: Die „Neue Ökonomische Politik" wurde von der Partei, nicht von *Stalin,* verworfen. 1926, 1927, als die Weichen auf Abschaffung der „Neuen Ökonomischen Politik" gestellt wurden, gab es noch Opponenten gegen *Stalin* im Politbüro. *Stalin* war noch nicht allgewaltig, aber die Partei mußte sich aus dem Ziel-Mittel-Konflikt befreien, den das ideologisch vorbestimmte Wirtschaftsziel vorgibt. Dieses Wirtschaftsziel lautet: Abschaffung der Ausbeutung, Einführung von Gemeineigentum, Kurs auf den Kommunismus! Der Sozialismus ist nur die erste Stufe hierzu.

Mit der diktatorischen Politik zwischen 1917 und 1921 wurde eine Minderung der Leistung, der Produktionsmenge, des Warenangebots erreicht. Man entfernte sich vom Ziel des Kommunismus, vom Überfluß. Folglich mußte zu einer anderen Methode gegriffen werden. Eine solche neue Methode bot die Liberalisierung nach Art der „Neuen Ökonomischen Politik".

Was aber brachte diese Liberalisierung? Sie brachte den Kommunismus scheinbar näher: Die Leistung stieg. Die Produktionsmenge wuchs. Die Versorgung verbesserte sich. Der verheißene Überfluß wurde greifbarer. Aber mit der Liberalisierung wurden auch, wie man im ideologischen Jargon fälschlich sagt, „kapitalistische Elemente" wiederbelebt. (Fälschlich, weil das Geld viel älter ist als der Kapitalismus. Das Mißverständnis geht so weit, daß das Comecon heute schon glücklich sein müßte, wenn es ein Banksystem besäße, wie es *Alexander der Große* benutzte.)

So mußte eines Tages die Repression kommen. Warum? Weil die Partei aus prinzipiellen ideologischen Gründen die Belebung des Kapitalismus nicht zulassen kann. Wir haben in der sowjetischen Wirtschaft während der zurückliegenden sieben Jahrzehnten nur diese beiden Leitungsformen erlebt: Entweder wurde die Wirtschaft diktatorisch gelenkt, bis der Staatsterrorismus zu Formen angewachsen war, die die Bevölkerung nicht weiter ertrug; oder die Wirtschaft wurde liberal gesteuert, bis kapitalistische Praktiken erstanden waren, die der Partei nicht weiterhin vertretbar erschienen.

Wer die Entwicklung des Sozialismus historisch bewertet, gelangt damit zu folgenden Einschätzungen:

Stalin – jetzt stellvertretend genannt für die KPdSU – beseitigte die kapitalistischen Elemente, und zwar total. Er vernichtete das Bauerntum als Klasse. Das bezahlt die Sowjetunion noch heute. Pro Kopf wird in der UdSSR zwölfmal mehr landwirtschaftliche Nutzfläche als in der Bundesrepublik Deutschland bebaut, und dennoch kann die Bevölkerung in der Sowjetunion nicht ernährt werden.

Warum handelte der Genosse Generalsekretär so? Gewiß nicht aus Übermut, sondern erstens vom Dogma geleitet, vor allen Dingen aber bestimmt von den Erfordernissen der zentralen Staatsplanung: Es ist unmöglich, die Industrieproduktion zu planen, wenn fünfzig, sechzig oder siebzig Prozent der volkswirtschaftlichen Produktion, wenn eine unberechenbare Größe aus der Bauernwirtschaft entstammt. Entweder plant man, oder man plant nicht.

Mit anderen Worten: So etwas wie eine „sozialistische Marktwirtschaft" – ein bißchen Marktwirtschaft, ein bißchen Sozialismus – gibt es nicht. Wer dieses Mischsystem erfindet, der kann behaupten, er habe das hölzerne Eisen erfunden. Im Osten gibt es jedoch keinen Markt, aus dem einfachen Grund, weil nicht ein einziger Preis sich wirklich frei bildet. Auch im genossenschaftlichen Bereich werden die Zulieferungen, die Ausrüstungen, die Technik, die Zuteilung von Dünger und allen anderen erforderlichen Produktionsfaktoren von der Partei über den Staatsplan bestimmt, und ebenso werden die Aufkaufpreise festgesetzt. Das parteimonopolistische System muß daher Landwirtschaft und Industrie, die Versorgung mit Gütern und Dienstleistungen in allen Sektoren in den Griff bekommen. Die Planwirtschaft ist ein starres, unflexibles System.

Es ist eine völlig einseitige Darstellung, wenn in der sowjetischen Diskussion behauptet wird, diese Kommandowirtschaft entstamme der stalinistischen Zeit. Sie ist in den ersten Jahren unter *Lenin* erprobt worden, und sie ist später erneut praktiziert worden. *Stalin* hat den Beschluß der Partei von 1921 – *Lenin* lebte damals noch –, die wirtschaftliche Rechnungsführung im Land einzuführen, das heißt ökonomische Resultate mit finanziellen Maßstäben zu überprüfen und zu kontrollieren, immer beachtet und ständig reaktiviert. Er hat sogar verlangt, daß man ein neues Lehrbuch für Politische Ökonomie erarbeitet, damit Klarheit geschaffen wird, wie die selbstregulierenden Elemente – Preis und Wert – in der Ökonomie wirken. *Stalin* hat 1950, als die größten Kriegsschäden beseitigt waren, noch einmal ganz massiv die Einführung der wirtschaftlichen Rechnungsführung – übrigens im ganzen Comecon, auch in der DDR – verlangt.

Wer die Entwicklung des Sozialismus betrachtet, muß die zahlreichen Bruchstellen vermerken: Da wird der Übergang zum Kommunismus ergebnislos abgebrochen. Da wird die „Neue Ökonomische Politik" abgebrochen. *Stalin* experimentiert mit der wirtschaftlichen Rechnungsführung bis zu seinem Tod 1953. Dann kommt der „neue Kurs" unter *Malenkow*. Auch er wird ergebnislos abgebrochen. Unter *Chruschtschow* wird die „Neue Ökonomische Politik" in anderer Form propagiert, nämlich mit einer grundsätzlichen Änderung der Lenkungsmechanismen und der Inhalte. Diese Politik wird nach zehn Jahren wiederum ergebnislos abgebrochen, obzwar sie umfassende Reformen unternommen und sogar die Partei in Produktionsbereiche gespalten und ihr in Industrie, Landwirtschaft und anderen Bereichen die direkte Produktionskontrolle übertragen hatte. Nach dem Sturz *Chruschtschows* wurde die gesamte Reform, die nicht ein einzelner, sondern die Partei beschlossen hatte, beseitigt. Die Produktionseinheiten und Lenkungsmechanismen wurden umstrukturiert; die Partei wurde wieder zu einem einheitlichen Ganzen zusammengefügt. Die unter *Stalin*, über die längste Periode der sowjetischen Wirtschaftsgeschichte herrschende Struktur mit der obersten Planbehörde und Branchenministerien wurde wiederhergestellt.

Reformen im Sozialismus sind objektiv unmöglich

Ist dieses permanente Hin und Her Zufall? Alle Reformansätze sind von intelligenten Leuten entworfen worden. Alle sind gescheitert. Warum? Gibt es hierfür objektive Gründe? Wenn ja, gelten diese objektiven Gründe noch heute, oder sind sie verschwunden? Sind es subjektive Gründe? Was ist dann heute anders?

Es ergeben sich eine Reihe von Problemen. Meine Position ist: Das System der parteimonopolistischen Staatswirtschaft im Osten ist aus objektiven Gründen nicht reformfähig. Das heißt nicht, daß sich dort nichts ändern könnte. Wenn sich jedoch etwas ändert, dann können die Änderungen nur solche Wege annehmen, wie sie in Ungarn in groben Zügen zu erkennen sind:

☐ Pluralismus im politischen Überbau;

☐ Verzicht auf das absolute Machtmonopol der Partei;

☐ Ausbildung einer vielschichtigen Struktur im ökonomischen Bereich, und zwar in allen Sektoren: in Industrie, Landwirtschaft, Infrastruktur etc.;

☐ Einführung von echter Konkurrenz und echtem Leistungsinteresse.

Nur wenn solche Reformen gelingen, gibt es eine Marktwirtschaft. Aber das ist keine „sozialistische Marktwirtschaft", auch kein Sozialismus mehr. Wenn die Kommunistische Partei vom absoluten Machtmonopol ausgeschlossen wird, sich in den gesellschaftlichen Pluralismus einordnet, sich einer Konkurrenz im Parlament und im Land stellt, dann sind die typischen Kennzeichen eines sozialistischen Staates verschwunden.

Ich weiß nicht, wie und ob solche Reformen kommen werden. Das kann wohl kaum einer vorhersagen. Lediglich einige Fragen und Überlegungen drängen sich auf. Etwa: In der Sowjetunion ist es *Jelzin,* der sagt: Wir brauchen ein pluralistisches Parteiensystem. Er geht sehr weit. Ist er vorgeschickt, oder ist er ein Abenteurer, ein Sektierer? Oder: Die sowjetische Führung wünscht dem ungarischen Zentralkomitee Glück bei der Einführung einer pluralistischen Demokratie. Und Ungarn denkt daran, zur EG Fäden zu ziehen, also etwas zu tun, das in früheren Jahren mit Panzern zerschnitten wurde.

Ich sage noch einmal: Systemintern, innerhalb des Machtmonopols der Partei und in der parteimonopolistischen Staatswirtschaft gibt es keine Reformmöglichkeiten. Dort entscheiden auf allen Ebenen immer nur die Spitzenfunktionäre, das heißt die Sekretäre, was volkswirtschaftlich geschehen soll. Wenn es wirklich qualitative Änderungen gibt, sind diese unweigerlich mit einer Systemsprengung verbunden. Ich habe nichts dagegen, wenn man eine solche Systemänderung dann als eine Neuauflage des ruhmreichen Marxismus-Leninismus preist und sie als einen „Überkommunismus" drapiert. Für mich ist die Hauptsache, daß Effektivität – ökonomische, ökologische und soziale Leistungsfähigkeit – erreicht wird und die Vergeudung zum Schaden des Volkes aufhört.

Das eigentliche Problem sehe ich gegenwärtig darin, daß die innere Lage derart katastrophal ist, daß keiner mehr Lust und Liebe hat, für irgend etwas noch zu arbeiten. Auf der 19. Parteikonferenz der KPdSU im Sommer letzten Jahres hat ein Kolchosvorsitzender gesagt: „Das Volk hat aufgehört zu glauben. Das Volk hat aufgehört zu arbeiten." Wer sich die Statistik im vierten Jahr der Amtsführung des jetzigen Generalsekretärs ansieht, der kann keine positiven Veränderungen zugunsten der Werktätigen feststellen und keinen Mut schöpfen: Sämtliche wichtigen Kennziffern der Pläne weisen nach unten.

Auch in der sowjetischen Wirtschaftswissenschaft gibt es ziemlich kritische Stimmen. So hat beispielsweise der Präsident der Akademie der Wissenschaften, *Gurij Martschuk,* auf der 19. Parteikonferenz darauf verwiesen, daß man nur zwanzig Prozent der Möglichkeiten der amerikanischen Grundlagenforschung habe. Er beschrieb die Zustände in der Grundlagenforschung in düsteren Tönen und erklärte dann, warum die Lage so schlecht sei, wie sie ist: „Weil sich die Wissenschaft in einer statischen, undemokratischen und stagnierenden Gesellschaft nicht weiterentwickeln kann." Die Ähnlichkeit der Krankheitssymptome in Wissenschaft und Gesellschaft stützt diesen Befund.

Ein anderes Mitglied der Akademie, der Volkswirtschaftler *Leonid Abalkin,* sagte auf demselben Kongreß: „In den letzten 17 Jahren – das ist ein Viertel der Zeit seit der Gründung der Sowjetunion – wurde der Plan fünfzehnmal nicht erfüllt. Das heißt, daß der Fehler im System liegt. Wir brauchen ein völlig anderes System. Vor fünf Jahren verabschiedeten wir den Beschluß über die Rechte der Belegschaften. Es hat sich aber nichts geändert. Wir faßten Beschlüsse über die örtlichen Räte. Und wieder blieb alles gleich."

Hört man diese sowjetischen Stimmen, dann stellt sich zwangsläufig die Frage: Weiß eigentlich der Reformflügel im Ostblock, was er aus der sogenannten „Neuen Ökonomischen Politik" bei *Lenin* wirklich lernen kann? Steht man wirklich dort, wo man zu stehen meint: am Gipfelpunkt des sogenannten „neuen Denkens"? Ist man nicht vielmehr dabei, lediglich die alten Fehler zu wiederholen? Außer in Ungarn und Polen gibt es konzeptionell kein qualitativ neues Denken im Osten. Mit Ausnahme von Ungarn und Polen weist kein einziger Reformgedanke über die derzeitigen wirtschaftlichen – und das heißt immer auch: politischen – Möglichkeiten des Ostblocks in der Wirtschaft hinaus.

Standpunkte, Probleme, Fragen

Diskussion

Marktwirtschaft im Sozialismus: Was könnte das sein?

Wirtschaftsfreiheit: Ein altes sozialistisches Ideal?

Die sowjetische Wirtschaft in hoffnungsloser Lage?

Führen tausend Schritte zum Ziel,
   oder ist ein großer Sprung erforderlich?

Perestrojka: Umbau für, aber ohne, vielleicht gar gegen das Volk?

„Sozialistische Marktwirtschaft": Wirtschaften ohne Eigentum?

Zwei Währungen, aber keine Waren?

Sozialistische Betriebe: Marktfreiheit durch Staatsaufträge?

Glasnost: Unbeabsichtigte Fortsetzung der Perestrojka?

Marktwirtschaft in der Bundesrepublik: Muster oder Flickwerk?

Leitung:	Gerhard Prosi
Teilnehmer:	Wolf Dieter Becker
	Hermann von Berg
	Hans Besters
	Rolf D'heil
	Werner Flandorffer
	Gertraud Forstner
	Wolfgang Frickhöffer
	Waldemar B. Hasselblatt
	Karl Hohmann
	Manfred Lehmann
	Frank Marheinecke
	Hans Michaelis
	Nikolaj Ja. Petrakow
	Eva Riehm-Günther
	Matthias Schmitt
	Alfred Schüller
	Wolfgang Seiffert
	Markus Timmler
	Antonius Wichmann
	Walter Wichmann
	Erwin Wickert
	Joachim Woerner
	Geerd Woortmann

Marktwirtschaft im Sozialismus:
Was könnte das sein?

(Gerhard Prosi) Was ist das eigentlich: „Marktwirtschaft im Sozialismus"? Ist das Sünde im Paradies, oder ist es Tugend in der Hölle? Ich habe mich überzeugen lassen: Sünde im Paradies ist nicht möglich. Allenfalls wird etwas Tugend in der Hölle möglich sein. – Etwas Tugend? Wieviel, welche Tugend? Damit ist die Frage gestellt, was Marktwirtschaft in Zusammenhang mit Sozialismus konkret bedeutet.

Aus vielen Diskussionen habe ich den Eindruck, daß man meint, wenn irgendwo ein Wochenmarkt organisiert ist, so habe man damit bereits eine Marktwirtschaft geschaffen, selbst wenn Investition und Produktion weitgehend zentral geplant werden.

☐ Sind mit „Marktwirtschaft im Sozialismus" die paar Märkte gemeint, auf denen über das Plansoll hinausgehende Produktionsspitzen abgesetzt werden und Kleingewerbetreibende Handel treiben? Das würde ich eine „Flohmarktwirtschaft" nennen. Eine solche Wirtschaftsform existiert beispielsweise in sehr unterentwickelten Ländern mit Eigenversorgung der einzelnen Haushalte. Dort werden in Basaren über den Eigenbedarf hinausgehende Produktionsmengen abgesetzt. Ist das jene Marktwirtschaft, die ein industrialisiertes Land anstreben kann?

☐ Oder geht es um die Marktwirtschaft als komplexes und dynamisches System, als dezentrale Organisation von Evolution mit Innovationen und mit Risiko? Wie aber wird die Fähigkeit, Risiken zu tragen, im Sozialismus erzeugt und verteilt? In der westlichen Marktwirtschaft haftet das Kapital für die Risiken der Unternehmen; die Risikofähigkeit wird von der Kapitalversorgung bestimmt, und ihre Allokation findet über Kapitalmärkte statt. Will man eine solche dynamische Marktwirtschaft schaffen, dann wird man den Sozialismus, das heißt das Kollektiveigentum an den produzierten Produktionsmitteln, aufheben müssen.

Es ergeben sich eine Menge Probleme, allein vom Begrifflichen her. Was soll „Marktwirtschaft im Sozialismus" eigentlich darstellen?

(Nikolaj Ja. Petrakow) Die Frage muß präziser heißen: Welche Marktwirtschaft wird in der Sowjetunion schließlich verwirklicht sein? Meine persönliche Meinung ist: Der Markt in der Sowjetunion muß und wird allumfassend sein. Wir werden nicht auf Hinterhöfen Flohmärkte für

Nebensächlichkeiten einrichten. Es wird einen umfassenden Warenmarkt, aber auch einen Kapitalmarkt und einen Devisenmarkt geben.

(Alfred Schüller) Begriffliche Klarheit: In einer auf das Wesentliche zugespitzten Weise kann die Darstellung der spezifischen Merkmale von Wirtschaftsordnungen mit *Friedrich A. von Hayek* auf die Fragen konzentriert werden: Wie können die unter einer Vielzahl von Individuen verstreuten Kenntnisse und Informationen so erfaßt und zur Geltung gebracht werden, daß daraus auch im wirtschaftlichen Bereich bestmögliche Ergebnisse entstehen? Wie können die Menschen motiviert werden, ihr Wissen preiszugeben und bestmöglich zu nutzen?

Hierfür gibt es nur zwei Möglichkeiten. Das eine Verfahren besteht im Versuch, den einzelnen Individuen soviel wie möglich von dem Wissen zu vermitteln, das für ihre Entscheidungen wichtig sein kann. Das ist die Lösung mit Hilfe von Marktpreisen, über die der einzelne all das an Kenntnissen und Informationen preisgibt und erwirbt, was ihm bei Eigenverantwortlichkeit des Handelns lohnend erscheint. Dieser Vorteilsanreiz wird am besten zur Geltung gebracht, wenn der einzelne unter Wettbewerbsdruck steht und dadurch zusätzlich herausgefordert ist, seine Kenntnisse und Informationen über knappheitsrelevante Tatbestände bestmöglich zu verwerten.

Das andere Verfahren besteht im Versuch, die einzelnen Menschen zu motivieren, ihr Wissen einer zentral steuernden Behörde anzuvertrauen. Dies ist die traditionelle Lösung der Zentralverwaltungswirtschaft sowjetischen Typs. Dabei stößt man auf das Problem, daß die Menschen ihr Wissen nur preisgeben, wenn es sich lohnt.

In Wirtschaftsordnungen traditionellen sowjetischen Typs sind die Individuen im legalen Bereich offensichtlich unzureichend motiviert, ihr Wissen der Zentrale anzuvertrauen. Es bestehen starke Anreize für die Zurückhaltung und die Eigennutzung des Wissens in autarker Zuständigkeit oder für die Verwertung auf schwarzen Märkten. Wer Alternativen sieht, versucht, das für ihn Bestmögliche auszuwählen.

Hier wird ein grundlegender Systemunterschied erkennbar. Das in Marktwirtschaften über Preise vermittelte Wissen wird in einem einheitlichen Rechnungszusammenhang schnell, genau und umfassend unter Knappheitsgesichtspunkten bewertet und nutzbar gemacht. Das entsprechende Verfahren in zentralgeleiteten Volkswirtschaften bedient sich vor allem der Bilanzmethode. Die Bilanzen als Knappheitsanzeiger sind aus technischen Gründen nicht in der Lage, die speziellen Kenntnisse und Informationen der Menschen vergleichbar schnell, genau und umfassend zu verarbeiten und die beteiligten Individuen zu motivieren, die besten Nutzungsmöglichkeiten ausfindig zu machen und zu realisieren.

In der Sowjetunion wird jetzt versucht, beide Verfahren zu kombinieren. Inwieweit kann man aber die grundlegend verschiedenen Verfahren zur Herstellung eines volkswirtschaftlichen Rechnungszusammenhangs nebeneinander nutzen?

Man kann sich in einer prinzipiell zentral geleiteten Volkswirtschaft hilfsweise Marktlösungen vorstellen, indem bestimmte Güter durch Versteigerung verteilt oder die offiziellen (staatlich regulierten) Preise an die Schwarzmarktpreise angepaßt werden, was die polnische Regierung neuerdings im Devisenbereich versucht und was im Dritten Reich als *Krogmann*-Plan diskutiert, aber nicht realisiert wurde. Stets zeigt sich, daß das Problem der Bewirtschaftung unter Allokationsgesichtspunkten mit einer Annäherung an marktwirtschaftliche Prinzipien der Preisbildung effektiver gelöst werden kann. Solange marktmäßige Lösungen nur auf bestimmte Teilbereiche der Volkswirtschaft beschränkt sind und nicht das ganze System erfassen, bleibt es dabei, daß das Informations- und Kenntnispotential der betreffenden Volkswirtschaften nur in einem sehr begrenzten Umfang und äußerst ungenau ermittelt und nutzbar gemacht werden kann.

(Wolfgang Seiffert) Ich will solchen theoretisch luziden Ausführungen nicht widersprechen, aber vielleicht sollte man versuchen, sie mit einem Hauch Realismus anzureichern.

Ich stimme ja allem zu, was zur Definition von Markt- und von Planwirtschaft gesagt wird. Ich bin auch überzeugt, daß man sich in den planwirtschaftlichen Ländern in einer Illusion befindet, wenn man glaubt, bei einer Orientierung auf die Marktwirtschaft müsse man das Alphabet der Marktwirtschaft nur von A bis E buchstabieren. Selbstverständlich gehören F, G und alle anderen Punkte ebenfalls zur Marktwirtschaft.

Aber man muß doch auch in Rechnung stellen, daß sich eine Marktwirtschaft in der Sowjetunion und in anderen Ländern des Comecon, wenn überhaupt, dann auf anderen Wegen herausbilden muß, als es in Westeuropa vor vierzig, hundert oder zweihundert Jahren geschah. Im Westen ist sie spontan entstanden, und man hat keine staatliche Eigentums- und zentralistische Planwirtschaft vorgefunden, wie sie in der Sowjetunion vorhanden ist.

In ihrer stalinistischen Ausprägung befndet sich beispielsweise die sowjetische Industrie fast zu hundert Prozent in staatlichem Eigentum. Auf dieser Grundlage existiert eine zentralistische Direktivplanung als rechtsverbindlich vorgegeben. Eigentumsrechtlich gesehen liegt die Verfügungsbefugnis nun einmal bei der Zentrale, genauer gesagt bei der politischen Zentrale, im Politbüro. Wenn das verändert werden soll, dann stößt man unweigerlich an die sogenannte politische Machtfrage. Man muß erst Macht von der Zentrale forträumen. Dabei wird man nicht umhin können, sich die Folgen der machtpolitischen Veränderungen, aber auch die sozialpolitischen Auswirkungen anzusehen. Man wird sich also sehr genau überlegen müssen, ob man einfach in die Marktwirtschaft hineinspringen kann – nach dem Motto des Kollegen *Schüller*: entweder springen oder ersaufen. Ganz so einfach geht das nicht. Man muß Übergangsperioden haben.

(Alfred Schüller) Ich habe keineswegs die Verwirklichung einer Lehrbuchlösung vorgeschlagen, sondern versucht, die Punkte, die Herr *Petrakow* als Problemfelder der Perestrojka geschildert hat, in einen Systemzusammenhang zu bringen. Ich gehe davon aus, daß erst in einem solchen Kontext Einzelfragen – etwa die Konvertibilität oder die Inflation – den ihnen gebührenden Rang erhalten können.

(Wolfgang Seiffert) Ich will Ihnen meine Kritik an einem Beispiel verdeutlichen, an der eigentumsrechtlichen Frage. Ich meine, im vorliegenden Fall kommt es nicht auf Definitionen, nicht auf theoretisch klare Systematiken, sondern auf konkrete Erfahrungen an.

Die Erfahrungen in Ungarn haben beispielsweise gelehrt, daß man mit der Marktwirtschaft sehr weit gehen kann, ohne sofort Privatisierungsmaßnahmen zu ergreifen. Der Grund liegt darin: In dem Augenblick, in dem die direktive rechtsverbindliche Planung abgeschafft und den Betrieben Autonomie, Selbständigkeit und damit entsprechende Kompetenz für ihr Agieren auf den inneren und äußeren Märkten übertragen wird, findet zwangsläufig ein Funktionswandel des staatlichen Eigentums statt, ohne daß eine Privatisierung erfolgt.

Man kann verfassungsrechtlich für eine ganze Zeit festschreiben, daß es keine Privatisierung gibt. Trotzdem können sich die Eigentumsformen differenzieren. Neben staatlichem Eigentum kann genossenschaftliches

Eigentum geschaffen werden. Was jetzt in der Sowjetunion entsteht – Aktien usw. –, ist nichts anderes als eine Differenzierung von Eigentumsformen. Die sowjetischen Aktiengesellschaften sind beileibe keine Aktiengesellschaften nach westlichem Recht. Es handelt sich im Grunde genommen um eine Ausbreitung des genossenschaftlichen Gedankens auf die staatliche Industrie.

Aber nicht nur die Eigentumsform kann sich differenzieren. Man kann rechtlich – für eine gewisse Zeit oder unbefristet – festschreiben, daß es keine Privatisierung geben soll. Aber man kann natürlich nicht festschreiben, daß kein Unternehmen Bankrott machen darf, wenn marktwirtschaftliche Verhältnisse eingeführt werden. Wenn der staatliche Betrieb den ökonomischen Mechanismen genauso unterworfen ist wie ein Privatbetrieb oder ein genossenschaftliches Unternehmen, dann findet ein Funktionswandel des Eigentums statt, ohne daß sich juristisch überhaupt irgend etwas geändert hat.

(Matthias Schmitt) Ein Funktionswandel? Die Referate der Kollegen *Schüller* und *von Berg* haben aber gezeigt, daß gegenwärtig jedenfalls keine Angleichung der beiden ökonomischen Mechanismen „Marktwirtschaft" und „Sozialismus" stattfindet. Es geht nicht darum, daß der eine vom anderen übernimmt, was besser ist. Es geht vielmehr um eine ordnungspolitische Auseinandersetzung. Gerade diesen Sachverhalt müssen wir – insbesondere, wenn wir vor der Stiftung diskutieren, die den Namen *Ludwig Erhard* trägt – betonen.

Lenin meinte, wenn man die Währungen der bürgerlichen Gesellschaft zerstört, zerstöre man die bürgerliche Gesellschaft selbst. *Lenin* sagte aber auch, wenn der „Klassenfeind" die sozialistischen Begriffe übernommen habe, sei der halbe Weg zum Sieg des Sozialismus zurückgelegt. Just in dieser Gefahr befinden wir uns. Schon die Wortwahl „Marktwirtschaft *im* Sozialismus" ist höchst bedenklich.

Ich möchte offen bekennen, daß mich der Titel dieser Tagung schockiert hat. Dieser Titel ist eine Contradictio in adjecto. Es gibt keine Marktwirtschaft *im* Sozialismus, und es gibt auch keinen Sozialismus *mit* Marktwirtschaft. Es gibt Marktwirtschaft, und es gibt Sozialismus. So könnte es allenfalls heißen: Marktwirtschaft *und* Sozialismus.

Es gibt auch keine „sozialistische Marktwirtschaft". Die von manchen gedachte Reihe „freie/soziale/sozialistische Marktwirtschaft" – Indikativ/Komparativ/Superlativ – entspringt einem völlig verqueren Denken.

Man erkennt das schon daran, daß die „sozialistische Marktwirtschaft" dort, wo sie propagiert wird, keineswegs als Fortentwicklung der Marktwirtschaft gilt, sondern als der höchst unzureichende Versuch, das ökonomisch Richtige – die Marktwirtschaft – in den Rahmen der sozialistischen Ideologie zu zwängen.

Wir laufen Gefahr, in eine – um mit *Jacob Burckhardt* zu reden – „terrible Begriffsverwirrung" zu geraten. Dies fördert die Sache nicht, sondern schadet ihr. Je enger marktwirtschaftliche und sozialistische Systeme zusammenarbeiten sollen, um so klarer müssen die begrifflichen Grundlagen sein und um so strikter müssen die Charakteristiken der beiden Systeme unterschieden werden.

(Nikolaj Ja. Petrakow) Wieder einmal sind sich westliche Wirtschaftswissenschaftler einig; wieder einmal heißt es: Nichts sei Gegensätzlicher als Sozialismus und Marktwirtschaft. Nur eines sei möglich: Markt oder Sozialismus! Dazwischen könne es nichts geben. Der ganze Titel dieses Symposions scheint demgemäß verwerflich.

(Alfred Schüller) Ich kann nichts nichts Kritikwürdiges an dieser angeblich zu rigorosen Argumentationsweise westlicher Wirtschaftswissenschaftler finden. Es geht doch darum, den ordnungspolitischen Standort der *Gorbatschow*schen Reform zu bestimmen. Hierzu ist eine klare Kennzeichnung der erkennbaren Lenkungsformen unabdingbar. Erst wenn man weiß, was ordnungspolitisch angestrebt wird und was nicht, kann man die Wirkungen im Hinblick auf die verfolgten Ziele, also die Konsequenzen der Reform abschätzen.

(Nikolaj Ja. Petrakow) Ihre Anschauung scheint mir ziemlich veraltet. Die sozialistischen Ideale sind vor langer Zeit entstanden. Möglicherweise waren die Urchristen die ersten Sozialisten. Möglicherweise waren sozialistische Ideale bei anderen Menschengruppen noch früher ausgeprägt. Ganz gewiß haben sich die sozialistischen Ideale nicht allein im Rahmen der marxistischen Konzeption entwickelt. Vor allem aber existieren sozialistische Ideale auch in Gesellschaften mit freiem Markt. Sie existierten beispielsweise auch in England zur Zeit von *Adam Smith* – um nicht vom Sozialismus im Rahmen gegenwärtiger Marktwirtschaften in westlichen Ländern oder gar vom Sozialismus in der Marktwirtschaft der Bundesrepublik Deutschland reden zu müssen.

Einigen wir uns doch dahin: Die Marktwirtschaft ist aus der Regulierung durch den Staat hervorgegangen. Die Marktwirtschaft ist ertrotzt worden gegen das staatliche Steuersystem, und dies ist nicht vollständig gelungen, denn jede Besteuerung stellt eine Einschränkung des Marktes dar.

(Hans Besters) Wird hierbei nicht wieder einmal Leitbild und Realität einer Ordnungsvorstellung vermengt? Welches sind denn die Bausteine einer marktwirtschaftlichen Ordnung?

Um es auf das Wesentliche zu reduzieren, handelt es sich erstens um Knappheitspreise, die durch den Wettbewerb bestimmt sind.

Zweitens dürfen diese wettbewerbsbestimmten Knappheitspreise nicht monetär verfälscht sein, vielmehr müssen sie in eine stabile Geld- und Währungspolitik eingebunden sein.

Schließlich – drittens – müssen autonom handelnde Wirtschaftseinheiten, die Tauschakte über den Markt vollziehen; sie müssen Dispositionsrechte über verfügbare Tauschobjekte, also privates Eigentum besitzen.

Man kann folglich den Kern dessen, was Marktwirtschaft ist bzw. sein sollte, in einem Satz zusammenfassen, der auf wettbewerbsbestimmte Knappheitspreise, auf einen monetären Stabilitätsrahmen und auf individuelle Eigentumsrechte als Kriterien abhebt.

Herr *Schüller* hat aber auch vom Systemdualismus gesprochen; da liegt der Hase im Pfeffer. Mit Systemdualismus ist ein System gemeint, das einerseits die dezentrale Steuerung durch autonom handelnde Wirtschaftseinheiten gelten läßt, das aber gleichzeitig übergeordnete Ziele politischer bzw. ideologischer Art – etwa des Sozialismus – verfolgt. Das sind zwei ganz verschiedene Zielebenen, die nichts miteinander zu tun haben.

Wer also „Marktwirtschaft im Sozialismus" für möglich hält, der unterstellt, daß diese an sich unvereinbare Zwei-Ebenen-Planung mit ganz unterschiedlichen Kriterien in einem Guß realisierbar ist. Nach allen bisherigen Erfahrungen ist das nicht möglich, weil der Widerspruch zwischen politisch festgesetzten und marktbestimmten Preisen nicht auflösbar ist.

(Werner Flandorffer) Man sollte sich hüten, von Schwarz-Weiß-Bildern auszugehen: Wir haben in der Bundesrepublik keine Marktwirtschaft nach dem Lehrbuch verwirklicht, und wahrscheinlich gibt es auch keine reine Planwirtschaft.

Ich glaube, es ist wichtig und man muß begrüßen, wenn in das sowjetische Wirtschaftssystem marktwirtschaftliche Elemente einbezogen werden. Wir sollten dann freilich nicht von Marktwirtschaft sprechen. Es geht lediglich um den Einbau marktwirtschaftlicher Elemente.

Dieser Umbau ist für uns so interessant, weil marktwirtschaftliche Elemente immer auch eine Art wirtschaftlicher Demokratie bedeuten. Und wirtschaftliche Demokratie heißt, daß dem Verbraucher und damit dem Bürger mehr Rechte zugebilligt werden. Dies schränkt zugleich die planwirtschaftlichen Bewegungsräume ein. Mit marktwirtschaftlichen Elementen werden also freiheitliche Elemente auch in das politische System eingeführt.

Selbstverständlich funktioniert ein nicht-marktwirtschaftliches System, das nur mit einigen marktwirtschaftlichen Elementen angereichert wurde, nur suboptimal. Die sowjetische Führung muß sich deshalb darüber im klaren sein, daß der Einbau einzelner marktwirtschaftlicher Elemente nicht zu raschen oder größeren Erfolgen führen kann.

(Frank Marheinecke) Ich finde Differenzierungen im Hinblick auf Sozialismus und Marktwirtschaft höchst problematisch. Es gibt keine „Mehr- oder-weniger-Marktwirtschaft". Es gibt kein bißchen Marktwirtschaft, wie es auch kein bißchen Schwangerschaft gibt. Es gibt wenig Spielraum für die Ausgestaltung von Marktwirtschaft.

(Wolf Dieter Becker) Aber worin besteht denn dieser Spielraum für die Ausgestaltung der Marktwirtschaft? Eine angemessene Beurteilung erfordert, daß drei Dinge sorgfältig auseinandergehalten werden:

☐ Grundwerte oder Ideologien,

☐ Theorien oder Erkenntnismodelle und

☐ Handlungsanweisungen und -techniken, also Entscheidungsmodelle.

Wenn man dies bedenkt und auch die logischen Beziehungen zwischen diesen drei Kategorien berücksichtigt, ergeben sich für die Behandlung unseres Falles drei fundamentale Fragen:

☐ Welche Ideologie finde ich vor? Die Frage berührt die Punkte, die Herr *von Berg* angeschnitten hat. Die Antwort auf diese Frage würde ich als Ökonom axiomatisch ansehen.

☐ Ist (und gegebenenfalls inwieweit ist) die vorgefundene Ideologie mit dem marktwirtschaftlichen Erkenntnismodell kompatibel?

☐ Wenn die zweite Frage im ganzen oder eingeschränkt positiv beantwortet werden kann, lautet die dritte Frage: Was ist praktisch zu veranlassen?

Zur zweiten Frage, zur Kompatibilität von Marktwirtschaft und Sozialismus: Ich hege zwar große Sympathien für die Überlegung des Kollegen *Schüller*, das marktwirtschaftliche Modell uno actu und dann auch gleich total einzuführen. Das würde einen zwar großen, aber nur einmaligen Schmerz verursachen, der nach einigen Jahren vorüber und vergessen wäre. Ein schrittweises Vorgehen löst über Jahrzehnte hinweg immer wieder neue Anpassungsprozesse, neue Schmerzen, Schwierigkeiten und Klagen aus. Nun weiß aber jeder, der in der praktischen Wirtschaftspolitik Erfahrungen hat, daß uno-actu-Lösungen politisch nicht durchsetzbar sind, weder bei uns noch in der Sowjetunion. Also muß man peu à peu vorgehen.

Schon 1942 hatte sich *Franz Böhm* in den Schriften der damaligen Akademie für Deutsches Recht mit der Frage auseinandergesetzt: Wie müssen Lenkungsmaßnahmen beschaffen sein, wenn eine Marktwirtschaft auf politische Ziele ausgerichtet sein soll? Sein Ergebnis war: Die Lenkung muß indirekt, über das Preissystem, das heißt bei flexiblen Einzelpreisen geschehen. Voraussetzung ist allerdings eine straffe Geldpolitik, damit die Nachfrage nicht überbordet und das Preissystem hierdurch nicht seiner Steuerungsfunktion beraubt wird.

Zum gleichen Ergebnissen ist Kollege *Petrakow* gekommen. Der Pferdefuß des Problems ist in sozialistischen Volkswirtschaften freilich die staatliche „Präventivzensur" bei den Investitionen. Abgesehen von der Grundsatzfrage der zentralen Investitionslenkung bedürfte es eines möglichst dezentralen und leistungsfähigen Bankenapparats, um eine inflationsfreie Kreditvergabe nach den Markterfordernissen und eine entsprechende Geldvermögensbildung zu ermöglichen.

(Gerhard Prosi) Der Konflikt zwischen „reinen Marktwirtschaftlern" und „reinen Sozialisten" ist künstlich und konstruiert. Hat denn je einer von uns behauptet, daß Mischsysteme überhaupt nicht funktionsfähig seien? Wir wissen schon, daß sie funktionieren können.

Es geht lediglich darum: Wenn unsere Gesprächspartner aus der Sowjetunion über Marktwirtschaft reden, dann müssen sie uns sagen, was sie darunter verstehen. Wir sagen ihnen, was wir mit Marktwirtschaft meinen. Wir können doch nicht einfach einen Sammelbegriff „Marktwirtschaft" verwenden, der alle nur denkbaren Arten von nicht behördlich geregeltem oder geplantem Wirtschaften umfaßt. Das würde zu nichts anderem führen als zu Mißverständnissen. Sprachliche Klarheit ist notwendig für die wissenschaftliche, aber auch für die politische Auseinandersetzung.

(Alfred Schüller) Eben darum habe ich das dualistische Modell gewählt. Ich wollte zeigen, wie in einem bestehenden System Dynamik im Hinblick auf die Ordnungsbedingungen entsteht. Ich habe untersucht, wie sich die Ordnungsbedingungen entwickeln könnten, die notwendig sind, damit die von den sowjetischen Reformern angestrebten Ziele erreichbar werden. *Gorbatschow* orientiert sich in vieler Hinsicht an den Ergebnissen von Marktprozessen. So ist die Frage: Wie können gleichsam aus dem Plan heraus Marktprozesse entstehen? Diesen Aspekt des von der Weltbank im Zusammenhang mit China sogenannten „Growing out of the Plan" wollte ich veranschaulichen.

Ich will nicht abstreiten, daß im politischen Bereich Zwänge entstehen, die nicht bewältigt werden können. Das kann jedoch den Wirtschaftswissenschaftler nicht daran hindern, den Vorgang des „Growing out of the Plan" konsequent zu Ende zu denken, und zwar ohne Rücksicht darauf, was die Politiker für möglich halten.

(Hans Besters) Marktprozesse, die gleichsam aus dem Plan heraus entstehen? Habe ich das richtig verstanden? Das würde doch bedeuten, daß doch etwas an der sogenannten Konvergenzthese ist, die wir immer wieder entschieden zurückgewiesen haben.

Viele argumentieren damit. Und sind ihre Behauptungen denn so unplausibel? Uns wird die Öffnung des Ostens zu mehr Freiheit, zu mehr Demokratie, zu mehr Markt präsentiert. Andererseits stellen wir seit mindestens zwei Jahrzehnten bei uns eine anhaltende Tendenz zu mehr Interventionismen und Regulierungen fest. Diese konträre Entwicklung von West und Ost scheint mir bedenkenswert.

(Alfred Schüller) Ist die Konvergenzthese nicht doch zutreffend? Genau das Gegenteil halte ich für richtig. Bemerkenswerterweise sind die Reformbestrebungen in der Sowjetunion in einer Zeit entstanden, in der sich die Dynamik des internationalen Marktgeschehens außerordentlich stark bemerkbar gemacht hat, und zwar vor allem als Konsequenz einer erfolgreichen Inflationsbekämpfung und Deregulierung in den USA und in anderen westlichen Ländern sowie als Folge des Aufkommens der Schwellenländer.

Ich vermute, daß *Gorbatschow* versucht, auf diese Entwicklung zu reagieren. Bemerkenswert ist auch, daß die Sowjetunion vor allem an der Bundesrepublik Deutschland Maß zu nehmen scheint, obwohl diese in mancher Hinsicht mit der weltwirtschaftlichen Dynamik nicht Schritt halten konnte.

(Geerd Woortmann) Welch ein überraschender Diskussionsverlauf: Da werden zunächst zwei „reine" Ordnungsmodelle verteidigt und politisch gangbare Wege außer Betracht gelassen. Zaghaft wird dann auf die Konvergenztheorie und auf praktische Möglichkeiten der Politik verwiesen.

Derartige Denkschemata und Verhaltensweisen begegnen uns andauernd: Jede Reform, jeder Änderungswunsch wird zunächst als unrealistisch, als nicht „machbar" dargestellt. Politiker begründen ihr Zögern mit den Grenzen politischer „Machbarkeit" und rechtfertigen ihr halbherziges Agieren damit. Viele scheinen daran gewöhnt und bringen Verständnis dafür auf, daß die Politik versäumt, das von allen Gewünschte zu verwirklichen.

Den sowjetischen Politikern bleibt angesichts der gegenwärtigen Wirtschaftslage in der UdSSR wohl gar nicht anders übrig, als sich sofort daranzumachen, das angeblich politisch nicht Machbare zu realisieren. Das stärkt meine Hoffnung, daß sich bei vernünftiger Unterstützung durch den Westen Befürworter und Multiplikatoren der Perestrojka dauerhaft durchsetzen werden.

(Erwin Wickert) Reicht ein noch so immenser Reformzwang wirklich aus? Wie verlaufen denn Reformen ohne Konzeption? *Deng Xiaoping* hat in China mit der Befreiung der Landwirtschaft begonnen: die Kommunen, die *Mao Zedong* in seinem utopischen Drang überstürzt, und ohne die Fachleute zu fragen, eingeführt hatte, wurden freigegeben, den Bauern wurde Land zur Verfügung gestellt – nicht als Eigentum, sondern indem ihnen Land gewissermaßen in Erbpacht zugeteilt wurde. Das brachte zunächst drastische Erfolge, so daß die Volksrepublik China im Jahr 1984 zum ersten Mal ihre ständig wachsende Bevölkerung aus eigener Ernte ernähren konnte. Heute aber, vier, fünf Jahre später, ist China nächst der Sowjetunion wieder der größte Getreideimporteur der Welt.

Die Landwirtschaftspolitik, die anfangs sehr bewundert wurde, ist gescheitert. Man versucht, sie zu korrigieren. Gescheitert ist sie jedoch wegen des dualen Wirtschaftssystems: Die Planwirtschaft war und ist mit marktwirtschaftlichen Elementen vermischt. Es gab und gibt amtliche Preise, und es gab und gibt Marktpreise.

Ein Bauer, der zu Beginn der Reform seine Düngemittel, seine Pestizide und sein Dieselöl zu den subventionierten amtlichen Preisen gekauft und seine landwirtschaftlichen Erzeugnisse, die er dem Staat als Pacht zu entrichten hatte, auch zu Planpreisen verkauft hatte, konnte sich einigermaßen ausrechnen, wieviel er ungefähr verdienen würde.

Heute ist es so, daß ein Bauer, wenn er Glück und Beziehungen hat, vielleicht einen Teil der Düngemittel, der Pestizide und des Dieselöls zu den amtlich festgesetzten, niedrigen Planpreisen bekommt. Sicher ist das aber nicht. Den größten Teil wird er zu „Marktpreisen", in diesem Fall zu hohen Schwarzmarktpreisen erwerben müssen. Er bekommt aber für seine Getreideabgabe an den Staat nur die amtlichen, niedrigen Planpreise. Sie sollen nun um 18 Prozent erhöht werden, obwohl die Getreidesubventionen das Budget bereits heute mit über zwanzig Milliarden Yuan belasten. Zur Freigabe der Getreidepreise und der damit verbundenen Verteuerung der Grundnahrungsmittel aber kann sich die Führung nicht entschließen.

Infolgedessen ist der Gewinn der Bauern geschrumpft und die Getreideproduktion erheblich zurückgegangen. Die Bauern legen ihr Geld lieber in Kleinbetrieben oder in Kleinindustrien an, in denen die Rendite höher ist, oder sie bauen Tomaten, Gemüse und Früchte an, die nicht zu den Grundnahrungsmitteln gehören und ihnen mehr einbringen.

Die duale Wirtschaft ist auf lange Sicht hin nicht funktionsfähig, weil sich in ihr die marktwirtschaftlichen Kräfte noch nicht frei entfalten können. Sie werden stets behindert durch die noch immer bestehende Planstruktur mit ihren niedrigen Festpreisen. Andererseits aber wird die Planwirtschaft dauernd durch die Markt- und Schwarzmarktpreise unterlaufen.

So hat sich in China ein völliger Wirrwarr der Preise ergeben, begleitet von einer Inflation, die einen großen Teil der Bevölkerung in Not bringt, so daß heute manche Haushalte achtzig, manche sogar hundert Prozent ihrer Einnahmen für die Ernährung ausgeben müssen.

Wirtschaftsfreiheit:
Ein altes sozialistisches Ideal?

(Nikolaj Ja. Petrakow) Mir scheint, daß die sozialistischen Ideale nicht so sehr, wie Sie im Westen meinen, mit der Organisation der Produktion zusammenhängen. Mehrfach haben Sie *Lenin* zitiert. Sie gestatten mir, daß ich das auch tue. *Lenin* hat ein Wort von *Marx* wiederholt, der sagte, daß das Ziel des Sozialismus die allseitige Entfaltung des Menschen, die Selbstverwirklichung des Menschen, sei. Ich halte dieses sozialistische Prinzip für das allerwichtigste Prinzip. Einem Sozialisten geht es um den Selbstwert des Menschen. Der Wert des Menschen an sich hängt nicht davon ab, ob er im Produktionsprozeß irgend etwas erzeugt oder ob der Markt ihn braucht.

Sehen Sie: Der große niederländische Maler *Vincent van Gogh* wäre glatt verhungert, er hätte nicht den zehnten Teil seiner Bilder gemalt, wenn er nicht von seinem Bruder am Leben erhalten worden wäre. Nach seinen Bildern bestand keine Nachfrage. Der Markt brauchte *van Gogh* nicht. Die Konsequenz marktzentrierter Haltungen ist sehr häufig: Die Menschen brauchen einander nicht.

Die sozialistische Idee wendet sich gegen eine solche Ignoranz dem Mitmenschen gegenüber. Mir scheint schon, daß die sozialistische Weltanschauung fundamental für das Zusammenleben von Menschen ist. Soziale Geborgenheit des Menschen ist keinesfalls kapitalistischen, marktwirtschaftlichen Ursprungs. Soziale Geborgenheit ist ein sozialistisches Ideal. Dieses Ideal des Schutzes und der Geborgenheit existiert auch in westlichen Wirtschaftssystemen. Sie sind sich offensichtlich nicht darüber bewußt, daß es sich dabei um ein Eindringsel der sozialistischen Ideologie in das marktwirtschaftliche System handelt.

Ich nenne es ein Glück, daß der Sozialismus tief in die westlichen Zivilisationen eingedrungen ist. Möglicherweise ist die sozialistische Zielsetzung in westlichen Gesellschaften inzwischen in erheblich höherem Maße verwurzelt als in unseren „sozialistischen" Sowjetrepubliken.

(Erwin Wickert) Ich fände es sehr reizvoll, mich darüber zu unterhalten, ob sich *van Gogh* – sagen wir in den dreißiger Jahren – in der Sowjetunion mit seiner Malerei materiell und künstlerisch hätte durchsetzen können.

(Nikolaj Ja. Petrakow) Ich kann Ihnen ziemlich genau sagen, was mit van *Gogh* in den dreißiger Jahren in der UdSSR geschehen wäre. Man hätte ihn auf irgendeine Art vernichtet. In der Marktwirtschaft wäre *van Gogh* verhungert, und im sowjetischen stalinistischen System wäre er vernichtet worden. Das eine ist die unabänderliche Folge des kapitalistischen Systems, das andere beweist, daß es in der damaligen Zeit in der UdSSR keinen Sozialismus gab.

(Gerhard Prosi) Es scheint mir wichtig zu sein, zu dem sozialistischen Menschenbild, das Herr *Petrakow* uns darstellt, etwas zu sagen.

(Nikolaj Ja. Petrakow) Bevor Sie das tun, möchte ich doch einmal fragen: Wie kommen Sie eigentlich zu der Annahme, bei uns in der Sowjetunion sei der Sozialismus verwirklicht worden? Der Sozialismus wurde in der Sowjetunion im Dezember 1936 von *Stalin* verkündet, aber doch nicht verwirklicht.

Als *Stalin* erklärte, daß in der Sowjetunion der Sozialismus herrsche, saßen sechs Millionen Menschen in Gefängnissen. Annähernd zehn Millionen Bauern waren zugrunde gerichtet. Die Bauernklasse insgesamt war damit vernichtet. Der übriggebliebene Rest wurde vom Land verjagt oder in Kolchosen zusammengeschlossen. Es gab keine Bewegungsfreiheit mehr. Diese Verhältnisse wurden von *Stalin* Sozialismus genannt. Für mich sieht Sozialismus völlig anders aus.

Sie sagen mir heute: Entweder Sozialismus oder Marktwirtschaft! Die Frage, die Sie gar nicht stellen, ist jedoch: Welcher Sozialismus? Welche Marktwirtschaft? Der Sozialismus, den *Stalin* in der Sowjetunion verkündet hat, hat mit der sozialistischen Idee nicht viel gemein. Möglicherweise steht er dem Feudalismus nahe.

(Gerhard Prosi) Gut! Sprechen wir also nicht vom realen Sozialismus, sondern von der noch nicht verwirklichten sozialistischen Utopie. Ist der „freie Mensch" ein Mensch im Sozialismus? Ist der Mensch im Kapitalismus demgegenüber Marktobjekt? Handelsware? Bedeutet Kapitalismus im Endeffekt Menschenhandel, Versklavung? Wenn das zuträfe, wäre die Verfassung der Vereinigten Staaten nach Abschaffung der Sklaverei wohl eine sozialistische Verfassung, und die Vereinigten Staaten von Amerika wären ein sozialistisches Land.

(Nikolaj Ja. Petrakow) Ich möchte keinen Disput über die amerikanische Verfassung führen. Aber weil Sie es erwähnen: Mir ist bekannt, daß in der amerikanischen Verfassung in der Tat Freiheiten proklamiert sind:

Der Mensch ist frei. Aber was bedeutet das? Auf der anderen Seite steht dort nichts über die Verantwortung der Gesellschaft für den Menschen und für die Sicherung seiner Freiheit. Das sind sehr wesentliche sozialistische Prinzipien. Man kann durchaus verschiedener Meinung darüber sein. Aber grundsätzlich ist es im Sozialismus eben die Gesellschaft, die Verantwortung für den einzelnen Menschen trägt.

(Gerhard Prosi) Das ist ein grundlegender Punkt. Sie messen Freiheit daran, welchen Anspruch auf Schutz durch die Gesellschaft der einzelne geltend machen kann. Ich habe den Eindruck, daß hier ein prinzipielles Mißverständnis über den Inhalt von Freiheit vorliegt. Freie Menschen, die freie Entscheidungen treffen, machen Fehler – errare humanum est. Das ist kein Mangel, sondern ein Privileg des Menschen. Durch Versuch und Irrtum, durch das Privileg, irren zu dürfen, können Menschen lernen. Irren ist eine Vorbedingung für Entwicklungen, für Evolution.

Wir müssen eine Gesellschafts- und Wirtschaftsordnung haben, die irrtumsfreundlich ist. Märkte erlauben Fehler. Märkte erlauben Irrtümer. Diese sind leicht zu korrigieren. In dem Augenblick, in dem man einen Irrtum erkennt, kann man daran arbeiten, ihn zu beseitigen. Im Wettbewerb wird man hierzu sogar gezwungen.

(Nikolaj Ja. Petrakow) Marktwirtschaft und Wettbewerb sind in Ihren Augen die Patentmittel zur Lösung aller ökonomischen, sozialen und gesellschaftlichen Probleme. Ich verstehe schon, daß Sie alle Ihre Errungenschaften im Wirtschaftsleben mit der Marktwirtschaft in Verbindung bringen. In Wirklichkeit ist jedoch ein erheblicher Teil dieser Errungenschaften der Arbeit von gesellschaftlichen Gruppen zu verdanken, die sich sozialen Ideen verpflichtet fühlen. Sie scheinen das nicht akzeptieren zu wollen, aber in Wirklichkeit hat jedes marktwirtschaftliche System einige sozialistische Ideen aufgenommen. Ich sehe darin beileibe nichts Schlechtes; ich wundere mich lediglich, daß Sie annehmen, alles, worüber Sie verfügen – vom Rentensystem über die medizinische Versorgung bis hin zur Arbeitslosenunterstützung –, sei ein Ergebnis der Marktwirtschaft.

(Gerhard Prosi) Ich sage lediglich soviel: Bei langfristigen zentralen Plänen sind Experimente, Risiken, Fehler nicht in gleicher Weise möglich wie in wettbewerblichen Systemen. In sozialistischen Wirtschaftssystemen können die einzelnen Bürger Irrtümer nur gegen den Plan korrigieren. Das ist für mich schlicht und einfach unmenschlich. Wenn wir freie

Menschen wollen, dann gibt es eben auch die Freiheit, etwas zu tun, das der Markt nicht honoriert. Der einzelne trägt hierfür selbst die Verantwortung, nicht die Gesellschaft.

In dem Moment, in dem einer die Folgen seines Handelns auf die Gesellschaft abwälzen kann, macht Irren, machen Fehler, richtig Spaß: Man kann tun, was man will; die Kosten tragen andere. Allenthalben begegnen uns politische Ansätze, die in diese Richtung gehen. Man denke nur an die angebliche Pflicht der Gesellschaft, das soziale Netz so dicht zu knüpfen, daß es auch selbstverschuldete Notlagen und Leichtsinn auffängt.

Die sowjetische Wirtschaft in hoffnungsloser Lage?

(Nikolaj Ja. Petrakow) Wir haben in der Sowjetunion eine Krise des wirtschaftlichen Lenkungssystems. Diese Krise wollen wir durch Schaffung einer Marktwirtschaft beseitigen. Dabei wollen wir die wahre sozialistische Idee bewahren, besser gesagt: wiederbeleben. Der Sozialismus richtet sich darauf, den Wert des Menschen zu achten, unabhängig davon, in welchem Maße er am Konkurrenzkampf teilnimmt. Wir brauchen Wettbewerb. Darüber gibt es keinen Zweifel. Aber einen totalen Konkurrenzkampf wollen wir nicht einführen.

(Hermann von Berg) Solche hehren Zielsetzungen und Bekenntnisse sollte man sogleich mit den historischen Erfahrungen und den gesicherten empirischen Daten konfrontieren: Es steht fest, daß bis heute keine einzige Reform in sozialistischen Ländern gelungen ist. Oft sagt man, das habe letztendlich mit der mangelnden Konsequenz des jeweiligen „neuen Denkens" zu tun. Falsch ist diese Antwort nicht, sondern nur höchst unzureichend.

Siebzig Jahre hindurch hat sich die Planwirtschaft als unfähig erwiesen, die ökonomischen, sozialen und ökologischen Interessen des Volkes zu erfüllen. Im gesamten RGW und in allen sogenannten Gegenmodellen, bei den Jugoslawen oder in Kuba, haben sich dieselben Erfahrungen eingestellt. Doch der springende Punkt wird und wird nicht in Betracht gezogen. Warum sind denn die Verhältnisse trotz aller Reformen so konstant miserabel? Warum hat man auf dem 19. Kongreß der KPdSU im letzten Jahr so oft beklagt, daß man am Abgrund stehe? Warum ist die ökonomische, soziale, ökologische Lage in der UdSSR so katastrophal? Warum hat sich im Zuge der Perestrojka noch nichts gebessert?

Das Problem ist: Man müßte den Kern der Frage erfassen. Man müßte in diesem Kern mit konzeptionellen Änderungen beginnen. Doch hier beginnt – vorsichtig gesagt – eine Zwiespältigkeit des Reformdenkens. Ich sehe nur, daß die Ungarn darangehen, sich von unaufhebbaren Dogmen bei der Errichtung der kommunistischen Ordnung zu lösen. Wir werden sehen, ob sie sich durchsetzen oder ob das mittelalterliche absolutistische Denken von der zentralverwalteten Wirtschaft und von der zentralen Politik auch im 21. Jahrhundert bestehen bleibt. Das wird der springende Punkt.

(Wolf Dieter Becker) Sicher: In den letzten siebzig Jahren haben die ökonomischen Reformansätze in der Sowjetunion nicht funktioniert. Aber damit läßt sich doch die Skepsis nicht begründen, daß die Reformen auch dieses Mal scheitern werden.

(Joachim Woerner) Skepsis oder Optimismus im Hinblick auf das Gelingen der Perestrojka? Was machen die Russen richtig? Was machen sie falsch? – Ich bin der Meinung: Wir sollten uns weder als ungebetene Helfer der Perestrojka aufspielen, noch sollten wir nach Art besserwisserischer Lehrmeister den Reformprozeß kritisieren oder kommentieren. Ich bin deshalb entsetzt, wenn man ständig den Eindruck vermittelt: Entweder Marktwirtschaft, so wie wir sie verstehen, so wie wir sie haben möchten – oder das ganze ist Unsinn!

Wenn es jemand im Osten für opportun hält, in der ersten Phase von „sozialistischer Marktwirtschaft" zu sprechen, dann sollten wir uns darüber nicht mokieren, sondern freuen, daß sich überhaupt etwas bewegt. Vielleicht verschwindet ja das Adjektiv „sozialistisch" in der zweiten, dritten oder vierten Phase, wie auch bei uns die Beiwörter vor Marktwirtschaft unter den Tisch gefallen sind.

Was mich allerdings stark beunruhigt, ist das: An keiner deutschen Universität wurde je ein Modell für den Übergang von der Plan- zur Marktwirtschaft entwickelt. Keiner der Herren Professoren hat sich daran geübt. Alles, was sie bieten können, ist Marktwirtschaft à la *Adam Smith*.

Unsere Hochschullehrer reisen gen Osten – nach China und in die UdSSR – mit erprobten Manuskripten über marktwirtschaftliche Prinzipien, didaktisch perfekt aufgemacht, präpariert für das Unterrichten deutscher Studenten der Betriebswirtschaftslehre. Ich meine: So geht das nicht!

Mit professoralem Dogmatismus, wie ihn beispielsweise Herr *von Berg* vertritt, wird mehr kaputtgeschlagen als erreicht oder verbessert. Wir müssen viel bedachtsamer sein. Wir müssen uns freuen, daß sich etwas bewegt. Wir dürfen nicht schon den Ansatz kritisieren. Es müssen situativ angepaßte, praktikable Problemlösungen für den Weg von der Plan- zur Marktwirtschaft zur Diskussion gestellt werden.

(Wolfgang Seiffert) Bei solcher, sicherlich angebrachter Bedachtsamkeit bleibt dennoch zu fragen: Können die gegenwärtigen Entwicklungen in der Sowjetunion optimistisch betrachtet werden, oder soll man sie aus der siebzigjährigen Erfahrung heraus beurteilen, in der alle Reformen immer wieder im Sande verlaufen sind?

Meines Erachtens gibt es zwei Gründe dafür, die gegenwärtige Perestrojka positiver als frühere Reformen anzusehen.

☐ Die Sowjetunion befindet sich heute in einer äußerst schwierigen wirtschaftlichen Lage. Es existiert ein ungeheurer Druck, die Dinge zu ändern. Eine solche Situation war niemals zuvor vorhanden.

☐ Soweit ich es beurteilen kann, erscheinen mir die Politik der Reformer und die Überlegungen der Wissenschaftler, die sie unterstützen, ernsthaft darauf gerichtet, eine wirkliche Marktwirtschaft zu schaffen. Ich sehe auch, daß die Rolle der Kommunistischen Partei in diesem Reformkonzept eine andere ist, als es im stalinistischen System der Fall war. Es gibt eine gewisse Machtverlagerung in der politischen Struktur der Sowjetunion von der Partei auf die Sowjets, die als ein neues Machtsystem entstehen. Aus meiner Sicht und Erfahrung komme ich somit zu einem wesentlich positiveren Urteil als beispielsweise *Sacharow*.

(Werner Flandorffer) Aber in Rußland stellt doch vor allem die Verwaltung ein außerordentliches Hemmnis für die Reformen dar. Damit muß sich die russische Führung beschäftigen – bald, denn der einzelne reagiert in seinem Verhalten sehr schnell auf marktwirtschaftliche Anreize. Dazu braucht er kein Studium und keine Ausbildung. Wir haben das in vielen Entwicklungsländern gesehen. Die Frage ist, ob die Verwaltung bereit ist, sich den Konsequenzen solcher marktwirtschaftlicher Entwicklungen zu unterwerfen.

Führen tausend Schritte zum Ziel, oder ist ein großer Sprung erforderlich?

(Hermann von Berg) Ich gehöre zu denen, die allen Grund hätten, jeden Tag zu beten, daß sich der Reformflügel im Ostblock durchsetzen möge. Ich könnte meine Söhne wiedersehen. Ich könnte zum Geburtstag meiner Mutter fahren, die jetzt neunzig Jahre alt wird. Ich könnte meine Geschwister besuchen. Ich könnte mich mit meinen Freunden treffen. Kurz: Ich kann mir aus Reformen im Ostblock nur Gutes für die Menschen versprechen, die in der DDR unter so bedrückenden Umständen leben müssen.

Natürlich braucht die Entwicklung in der Sowjetunion viel Zeit. Ich erinnere mich an *Friedrich List*. Er hat gesagt: Seht euch England an. Warum ist England zu einer solchen Macht geworden? Weil es durch seine Verflechtung von Adel und Bürgertum über Jahrhunderte hinweg – ja: über Jahrhunderte hinweg! – zielgerichtet und konstant eine geschlossene Wirtschaftspolitik betrieben hat. Genauso sind die Probleme für die Umstellung im Ostblock zu bewerten. Da läßt sich nichts übers Knie brechen.

Das Problem ist aber: Unser Leben ist kurz. Der Arbeiter, der Bauer, jeder Mensch möchte etwas von seinem Leben haben. So werden die Reformen zu Hoffnungen, zu kurzlebigen Wunschbildern, zu Träumen, an denen man sich in der schlimmen Realität aufzurichten versucht, aber nicht aufzurichten vermag. Hoffnungen allein sind dünn und gebrechlich wie Strohhalme.

(Erwin Wickert) Auch ich glaube, daß die Zeit kein akzidentielles, sondern ein essentielles Element der Reform ist. Ob die Reform, wie ein Delegierter des letzten Parteitags in China meinte, binnen hundert Jahren durchgeführt wird oder mit einem Schlag, in einer – wie chinesische Ökonomen sagen – „Ein-Paket-Reform", das ist eine entscheidende Frage. Die chinesische Führung hat die Bedeutung dieser Frage nicht erkannt. Man versuchte, die Reform in kleinen Schritten voranzubringen.

Man berief im Sommer 1988 eine Preisreformkonferenz ein. An dieser Konferenz haben alle Spitzenpolitiker teilgenommen. Man diskutierte eine Reform, die längst überfällig war. Auch zu Übereinstimmung gelangte man: Man wollte die Preise freigeben und die Löhne langsam der Preisentwicklung angleichen. Der Beschluß wurde jedoch schon vierzehn Tage später wieder zurückgezogen.

Die Bevölkerung hat bemerkt, daß die Führung ratlos ist. Es hat Panikkäufe gegeben, wie sie in China bislang unbekannt und unerhört waren. Zwanzig Prozent der bei den Banken und Sparkassen liegenden Gelder wurden abgehoben, um Waren zu kaufen. Natürlich wurde dadurch die Inflation nur noch mehr angeheizt.

Ich glaube, daß *Jelzin* recht hatte, als er sagte: Es muß sofort und schnell etwas geschehen. Denn wenn die Reform lange dauert, festigen die Gegner ihre Positionen, und neue wachsen nach.

(Alfred Schüller) Wer sagt, man müsse sich mit Reformen Zeit lassen, argumentiert im Sinne eines gradualistischen Konzepts der Reform, nicht im Sinne einer Schocktherapie. Ich finde die Bemerkungen von Herrn *Wickert* über China sehr beachtenswert. Hier werden die Erfahrungen bestätigt, die auch anderswo gemacht worden sind.

Ein gradualistisches Vorgehen, das nicht von einem konsistenen ordnungspolitischen Grundkonzept geleitet ist, unterliegt der Gefahr, daß die falsche Schrittfolge gewählt und damit das Gegenteil dessen bewirkt wird, was man erreichen will. Auf diese Weise kann eine Reformentwicklung, die eigentlich auf größere wirtschaftliche Freizügigkeit hin angelegt ist, zurückgedreht werden.

(Erwin Wickert) Die Leitbilder dürfen sich aber nicht nur aus wirtschaftlichen Einstellungen zusammensetzen. Es genügt nicht, wenn nur wirtschaftliche Effekte bedacht werden. Eine Wirtschaftsreform findet nicht in einem luftleeren und akademischen, sondern in einem politischen Raum statt. Mit jedem Fehlschlag entstehen politische Gegner, die den Fortgang der Reformen erschweren.

Die wirtschaftlichen und politischen Schwierigkeiten sind oft nicht vorherzusehen. So hat sich zum Beispiel in den letzten vier Wochen in China ganz unerwartet eine Wanderung von Arbeitslosen ergeben, die in anderen Provinzen Arbeit suchen, vor allem in Südchina. Ihre Zahl geht hoch in die Millionen; chinesische Quellen sprechen von fünfzig Millionen Menschen.

Solche und ähnliche, oft auf Gerüchten, oft auf psychologischen Motiven basierende Reaktionen in einer nervösen Gesellschaft nehmen zu, je länger eine Reform dauert; sie lassen sich nur schwer voraussehen.

(Wolfgang Seiffert) Ein rascher Vollzug wäre wünschenswert. Jedoch ist das Reformprogramm *Gorbatschows* umfassend und groß. Rein technisch gesehen braucht seine Verwirklichung Zeit. Ich bin der Meinung,

daß die Reformen nicht innerhalb von zwei Jahren bewältigt werden können. Es wird länger dauern, vielleicht eine ganze Generation, vielleicht noch länger, bis man alles umgesetzt hat. Freilich frage ich mich, ob die Sowjetunion so viel Zeit hat, und zwar ökonomisch und machtpolitisch.

Ökonomisch ist es so: Die Industrie der Vereinigten Staaten wird nicht dreißig Jahre warten, bis die Sowjetunion nachgezogen hat. Der elementare Wettbewerbsdrang führt zur Weiterentwicklung. Damit wird der Abstand zwischen Osteuropa und den westlichen Industrienationen immer größer. Ich fürchte, die Sowjetunion hat nur wenig Zeit, wenn sie den Anschluß an die Informationsgesellschaft überhaupt noch gewinnen möchte.

Gelingt der Anschluß nicht, wird sie auch machtpolitisch, und zwar schon zum Ende dieses Jahrhunderts, keine Weltmacht mehr sein, sondern eine euroasiatische Mittelmacht. Freilich würde sich damit die Zeitfrage dann auch wieder ein bißchen anders darstellen.

Perestrojka: Umbau für, aber ohne, vielleicht gar gegen das Volk?

(Walter Wichmann) Generalsekretär *Gorbatschow* hat in diesen Tagen davon gesprochen, daß sich die Versorgung in Rußland frühestens Mitte der neunziger Jahre verbessern würde. Der Alltag in Rußland bleibt also auf absehbare Zeit weiterhin geprägt von bloßen Versprechungen der Politiker. Professor *von Berg* hat aber den Vertrauensschwund in der Bevölkerung als das wesentliche Kennzeichen der gegenwärtigen Wirtschaftslage dargestellt: „Das Volk hat aufgehört zu glauben; das Volk hat aufgehört zu arbeiten." – Wie will man denn dahin kommen, daß das Volk wieder glaubt; daß es wieder arbeitet?

(Nikolaj Ja. Petrakow) Unsere Probleme, die Bevölkerung zu versorgen, rühren daher, daß in der Sowjetunion die Selbständigkeit der Menschen und ihr Verantwortungsgefühl drastisch gesunken sind. Unser ungeheuerer natürlicher Reichtum wird durch die gewaltigen Verluste absorbiert, die wir wegen der Trägheit der Werktätigen erleiden.

Darüber hinaus wurden auch in strukturpolitischer Hinsicht gewaltige Fehler begangen. Die Infrastruktur ist in der UdSSR immens unterentwickelt. Dreißig Prozent jeder Ernte gehen uns durch Mängel im Transportwesen, durch zu geringe Kapazitäten in der Verarbeitung von landwirtschaftlichen Produkten sowie infolge unzureichender Lagermöglichkeiten verloren.

Unsere Getreidekäufe in den USA und in Kanada decken nur einen Teil dieser Verluste ab. Anders gesagt: Wenn wir diese Einbußen vermindern würden, könnten wir Ausgaben in Höhe von fünf Milliarden Dollar jährlich sparen. Ich meine deshalb: Vor allem auf diesem Gebiet könnten und sollten Gemeinschaftsunternehmen tätig werden. Sie würden uns helfen, Devisen einzusparen, und sie könnten die frei werdenden Mittel verdienen. Besonders dringlich ist es, eine industrielle Infrastruktur für die Verarbeitung landwirtschaftlicher Produkte zu schaffen.

Eine ähnliche Situation besteht in der Eisen- und Stahlindustrie. Bis zu dreißig Prozent Metall gehen verloren, weil Kapazitäten zur Be- und Verarbeitung fehlen. Das ist ein ernsthaftes Problem. Ein Verlust von Metall bedeutet einen Verlust sowohl von Rohstoffen als auch von Energie. Ohne diese Verluste würden wir keine Kernkraftwerke in der Sowjetunion benötigen. Die Verluste an Energie in der Eisenindustrie entsprechen nämlich fast genau der Leistung all unserer Kernkraftwerke.

(*Hermann von Berg*) Nun motivieren Sie aber einmal einen russischen Arbeiter oder Bauern duch materielle Anreize, also durch Geld.

In der Praxis könnte das so aussehen: Sie sagen als Perestrojka-Agent zu einem Bauern auf dem Dorf: „Genosse, wir brauchen mehr zu essen, mache einen privaten Pachtvertrag." Begeistert ist er nicht, aber er läßt sich überreden. Sie sagen ihm: „Arbeite mit deiner ganzen Familie. Du wirst gut bezahlt, kannst selbst verkaufen und dabei mehr verdienen." Er macht das, weil er sich sagt: Die Söhne werden groß, wir brauchen ein Häuschen. Es ist gut, wenn ich mehr verdiene.

Der Mann schindet sich vier Jahre unter der Perestrojka. Dann endlich hat er ein Säckchen voller Rubel. Er geht zum Genossen Direktor, weil er ja das Häuschen bauen möchte. Doch der sagt: „Das ist sehr lobenswert. Aber, Du weißt ja, Genosse, es gibt keinen Zement; es gibt auch keinen Balken, nicht einmal ein Brett, kaum Nägel. Du bist nicht eingeplant, Genosse."

So simpel ist das. Das ganze Dilemma der kommunistischen Wirtschaft läßt sich in der Frage zusammenfassen: Warum bekommt man für Geld das Erforderliche meistens nicht, niemals jedoch zu dem Zeitpunkt, zu dem es gebraucht wird?

Als einige Kritiker kürzlich auf einem Kongreß zu barsch und zu deutlich wurden, hat *Gorbatschow* beruhigt: „Genossen", hat er gesagt, „wir können nicht alles über's Knie brechen. Ich werde jedoch dafür sorgen, daß der Großhandel Euch künftig mit diesen Ausrüstungen und Ersatzteilen versorgt, die Ihr braucht." Wäre ich als Delegierter anwesend gewesen, hätte ich sofort gefragt: „Wer aber versorgt den Großhandel?" Nicht einmal in der DDR, dem am besten, am effektivsten funktionierenden Ostsystem, funktioniert die Verteilung. Wie kann sie dann in der UdSSR funktionieren, in der alle juristischen Ansätze zur Verbesserung der Infrastruktur weit unter DDR-Niveau liegen?

Es paßt nichts zusammen. Man kann es abwägen, wie man will. Was fehlt, ist die wirkliche Einsicht, das wirklich „neue Denken". Solange im Osten der Schizophrenie gehuldigt wird, den Kommunismus zu wollen, der ohne Geld und ohne Leistung auskommt, der aber nur mit Geld und Leistung zu erreichen ist, läßt sich nichts ändern. Nötig ist die Überwindung einer geistigen Fehlleistung.

Die traditionelle europäische Schule der Nationalökonomie hat viel geleistet. Aber welches Zerrbild davon hat sich doch im Marxismus ausgebildet! Es gibt in der europäischen Nationalökonomie des 19. Jahrhunderts zahllose progressive Anregungen bis hin zur Verwirklichung der Genossenschaftsidee. Der Marxist hat davon keinerlei Kenntnis. Japaner, keine Russen, trifft man im Geburtsort von *Raiffeisen*. Von *Raiffeisen,* aber nicht von *Marx,* haben die ökonomisch Erfolgreichen auf der Welt gelernt, wie man Genossenschaften gründet und führt.

Der Sozialismus ist über eine linkssektiererische Linie des sozialistischen Denkens in die Sackgasse geraten. Es gibt progressives sozialistisches und sozialdemokratisches Denken, vom 19. Jahrhundert bis in die Gegenwart. Wenn man das aufgreift, könnte man weiterkommen. Mit dem Dogma des Marxismus-Leninismus ist jedoch nichts anzufangen.

(Walter Wichmann) Trägt wirklich das kollektivistische Denken Schuld am Warenmangel in der Sowjetunion? Rußland hat kaum Rohstoffprobleme. Es mag eine Produktionsproblematik geben: eine Frage der Produktionskapazitäten oder der Produktionstechnik. Aber fehlt es nicht vor allem an technischem Wissen und Können. Existiert in der Sowjetunion nicht insbesondere ein Verteilungsproblem? Fehlt es nicht vor allem an einer Einzelhandels-Infrastruktur und Einzelhandels-Logistik?

Wenn ein solcher Mangel besteht: Was wird in der UdSSR getan, um ihm abzuhelfen? Ich habe gehört, daß Leiter von Industriebetrieben nach Deutschland geschickt werden, um Management-Methoden zu lernen. Auch Bankleiter, meint Herr *Petrakow*, sollten nach Deutschland delegiert werden. Ist man in der Sowjetunion aber auch lernbegierig, was den Einzelhandel angeht? Möchte man etwas über eine effiziente Einzelhandelsstruktur und Einzelhandels-Logistik hören bzw. einen Gedanken- und Erfahrungsaustausch mit deutschen Unternehmen betreiben?

(Waldemar B. Hasselblatt) Schaden können solche Studienprogramme sicher nicht, aber sind sie wirklich erforderlich? Ich habe die „Neue Ökonomische Politik" unter *Lenin* in Rußland erlebt. Ich erinnere mich, wie mit der damals geschaffenen Möglichkeit, kleine private Einzelhandelsläden und Handwerksbetriebe wiedererstehen zu lassen, sich eine rasche Besserung der Versorgungslage einstellte – ohne spezielle Schulung. Während der Laden der staatlichen Kooperative weiterhin außer Lorbeerblättern kaum etwas anbieten konnte, war der kleine, private jüdische Einzelhändler um die Ecke in der Lage, alle wichtigen und lebensnotwendigen Waren zu beschaffen.

Will man in der Sowjetunion marktwirtschaftliche Elemente einführen, so kommt man nicht an der Notwendigkeit vorbei, privaten Einzelhandel zu gestatten und diesem auch die Freiheit in der Wahl seiner Einkaufsquellen einzuräumen. Er wird es ohnehin schwerer haben als seinerzeit unter *Lenin,* liegen doch nun Jahrzehnte der Planwirtschaft dazwischen.

Zusätzlich wären private Handwerks- und Dienstleistungsbetriebe zuzulassen, die in gleicher Weise wie der Einzelhandel für Initiative und Dynamisierung sorgen würden. Sie füllen schon heute, in der Schattenwirtschaft verborgen, wesentliche Produktionslücken der Planwirtschaft aus und haben im Grunde deren totalen Zusammenbruch bisher verhindert. Legalisiert würden sie eine noch größere Produktivität bei gleichzeitiger Kostendegression erreichen.

(Antonius Wichmann) Als Pädagoge muß ich dann jedoch fragen: Ist das sowjetische System der Ausbildung an Universitäten und Schulen überhaupt in der Lage, junge Menschen heranzubilden, die in der Wirtschaft unter dem Prinzip von Optimierung, Rationalisierung, Produktivitätssteigerung arbeiten können? Wird das entsprechende Wissen und Können vermittelt? Werden junge Menschen zu Verantwortungsbereit-

schaft und Entscheidungsfreudigkeit erzogen? Mir scheinen das grundlegende Fragen zu sein, denn die Jugend muß die Veränderung in der Sowjetunion tragen. – Denkt man in der UdSSR über derartige Fragen nach?

(Waldemar B. Hasselblatt) Das ist ein schwieriges Problem. Über die in der Sowjetunion herrschenden Motivationsstrukturen hat die „Literaturnaja Gaseta" am 27. Mai 1987 ausführlich geschrieben. Man kann sagen: In der Sowjetunion herrscht das Gegenteil jener psychologischen Grundlagen, die für Marktwirtschaften erforderlich sind.

Das gegenwärtige Wirtschaftssystem in der Sowjetunion und in anderen Ostblockländern ist hierarchisch organisiert, vom Gehorsam bestimmt, den der Betriebsleiter seinen Vorgesetzten in der Staatsbürokratie entgegenzubringen hat. Die wirtschaftliche und die politische Macht sind in den Händen von Bürokraten konzentriert. Das Fortkommen jedes einzelnen ist davon abhängig, wie er sich in die bürokratischen Prozesse einfügt. Das Befolgen von Richtlinien und Anweisungen, auch wenn sie widersinnig sind, sowie von Planungsvorgaben ist wichtiger als das Streben nach Kosteneinsparungen und Qualitätsverbesserungen.

Darüber hinaus gibt es in der Sowjetunion spezielle Formen enger wirtschaftlicher „Kooperation". Wenn der Betriebsleiter Richtlinien, Anweisungen und Befehle ordentlich ausführt und die nicht seltenen Sonderwünsche seiner Vorgesetzten nach gewissen „Abzweigungen aus der Produktion" erfüllt, sichert er sich Dank und Anerkennung. Effizienz und wirtschaftliche Leistung sind in einem solchen System ohne Funktion. Das „Überleben" des einzelnen Betriebsleiters als Geschöpf der politischen Macht, der „Nomenklatura", ist von der perfekten Befehlsausführung und von der „Organisation" zahlreicher und umfänglicher Gefälligkeitserweise abhängig.

In der Marktwirtschaft ist es demgegenüber entscheidend, daß die erzeugten Waren und Leistungen für den Produzenten erst dann Erfolg erbringen, wenn sich der vorhandene Bedarf in kaufkräftiger Nachfrage so widerspiegelt, daß die aufgewendeten Kosten wieder hereinkommen. Die marktwirtschaftlichen Spielregeln sind der Kommandowirtschaft im Sowjetsystem völlig fremd.

Dazu tritt ein weiteres psychologisches Moment. Man hat im Sozialismus jahrzehntelang Neidgefühle gezüchtet und kultiviert. Man war unter anderem gezwungen, die Vergünstigungen, die das System der kleinen Schicht der Polit- und Staatsbürokratie gewährt, vor der Masse der Bevölkerung geheim zu halten. Es gibt exklusive Läden, besondere Krankenhäuser, attraktivere Urlaubsquartiere und dergleichen mehr. Würden nun marktwirtschaftliche Elemente eingeführt, so entstünden zwangsläufig Einkommensunterschiede gemäß der individuellen Leistung. Wegen des eingewurzelten Neidkomplexes würden Leute mit höherem Einkommen dann von allen verteufelt, die weniger leisten und ein kleineres Einkommen haben – nach dem Motto: „Besser schlecht für mich als gut für dich!"

(Markus Timmler) Schon die Tatsache, daß Sie die „Literaturnaja Gaseta" mit einem kritischen Kommentar zitieren können, beweist, daß die Probleme, die Sie schildern, in der Sowjetunion erkannt wurden und daß nach Lösungen gesucht wird.

Auch Professor *Petrakow* hat in einer beeindruckenden, freimütigen und vertrauensvollen Weise auf das Fehlverhalten in der Vergangenheit hingewiesen, und er hat gesagt: Wir sind bereit, andere Wege zu beschreiten. Gebt uns Zeit! Er hat von zehn bis fünfzehn Jahren gesprochen. Aus manchem Diskussionsbeitrag spricht jedoch Ungeduld und Unzufriedenheit: Alles sollte weitaus schneller gehen. Noch stimme nicht alles überein. Noch fehle manches.

Das ist natürlich richtig. Aber geben Sie doch *Gorbatschow* eine Chance! Warten Sie doch, wie sich die Dinge entwickeln! Betrachten Sie die Entwicklungen doch ohne Voreingenommenheiten – weder pro noch contra! Lassen Sie der Entwicklung ihr Eigengewicht!

Wir sollten gegenüber allen Verlautbarungen, Absichten, Projekten und Entwicklungen in der Sowjetunion eine abwartende und geduldige Haltung aufbringen und – wie es Herr *Teltschik* beschrieben hat – *Gorbatschow* und seinen Genossen eine Chance geben. Es könnte zu unser aller Vorteil sein.

(Wolfgang Frickhöffer) Was die Ausführungen von Herrn *Teltschik* betrifft, kann ich nur sagen: Sie waren entschieden zu euphorisch. Ich habe mich über diese Darstellung eines Bonner Spitzenbeamten sehr gewundert und bin außerordentlich beunruhigt über einen solch blauäugigen außen- und sicherheitspolitischen Beurteilungsversuch.

(Nikolaj Ja. Petrakow) Außenpolitik und Marktwirtschaft stellen ein eigenständiges Problem dar. Dabei bewegt Sie offensichtlich die Frage: Wie wollen wir uns gegenüber den Reformern in der Sowjetunion verhalten?

Ich habe von Ihnen nunmehr ungefähr folgendes vernommen: Wenn es in der Sowjetunion einen echten Markt geben wird, dann wird sich der Westen in bestimmter Weise verhalten. Wenn es keinen solchen Markt gibt, dann ist mit irgendeinem anderen Verhalten zu rechnen. Ich muß jedoch darauf aufmerksam machen, daß die Dinge ein bißchen anders liegen. Wenn wir Möglichkeiten für die Anlage westlichen Kapitals schaffen, wenn wir westlichen Firmen rechtliche Garantien für ihre Investitionen geben, dann stellt sich nämlich die Frage: Lohnt sich für die Unternehmen ein Engagement?

Für die Unternehmen ist die Frage völlig zweitrangig, ob es bei uns einen Markt oder eine Marktwirtschaft gibt, ob bei uns demokratisch oder in irgendeiner anderen Weise gewirtschaftet wird. Wenn westdeutsche Chemieunternehmen Wirtschaftsbeziehungen mit dem Regime *Gaddafis* in Libyen aufnehmen, fragen sie ja auch nicht, welche politischen Strukturen dort vorherrschen. Oder?

Theoretische und ideologische Fragen liegen auf einer anderen Ebene als geschäftliche Fragen. Wenn wir vorteilhafte Bedingungen schaffen, dann werden sie von westlichen Firmen in aller Regel genutzt. Wenn wir solche Bedingungen nicht schaffen, können sie freilich auch nicht genutzt werden.

„Sozialistische Marktwirtschaft": Wirtschaften ohne Eigentum?

(Wolf Dieter Becker) Man kann bestimmt nicht behaupten, marktwirtschaftliche Paradigmen seien prinzipiell nur in jener politischen und gesellschaftlichen Ordnung denkbar, die wir im Westen kennen. Auch die Eigentumsrechte als solche spielen in praktischer Hinsicht nicht jene überwältigende Rolle, die ihnen die Ideologie zuweist. Schon vor fast einem halben Jahrhundert hat *Leonhard Miksch* in einer Untersuchung von historischen Entscheidungsmodellen festgestellt, „daß der Besitz der Produktionsmittel von viel geringerer Bedeutung ist als ihr Einbau in die Marktverfassung".

Elemente der marktwirtschaftlichen Theorie können – freilich mit Einschränkungen – auch in sozialistische Ordnungen implementiert werden. Bei der These von der vollständigen Unvereinbarkeit überlagert die Ideologie das Erkenntnismodell. Ein solches „sozialistisches Marktsystem" wird zwar suboptimal funktionieren, aber es wird mit Sicherheit effizienter sein als das gegenwärtige.

Im übrigen ist ja auch bei uns die marktwirtschaftliche Ordnung nicht die beste aller denkbaren. Das marktwirtschaftliche Modell hält eine ganz erstaunliche Menge von Fehlern und Fehlleistungen aus, ohne zu kollabieren. Natürlich gibt es eine Interdependenz der Ordnungen, und irgendwann werden sich in einer „sozialistischen Marktwirtschaft" dann unlösbare Konflikte einstellen. Doch vielleicht wird dieser Punkt bei der Beurteilung der Entscheidungsmodelle – ideologisch bedingt – zu stark in den Vordergrund gerückt.

(Eva Riehm-Günther) Ich kann nicht finden, daß Eigentumsrechte nur eine sekundäre Sache wären. Für alle modernen liberalen Denker – nicht nur für *Böhm, Erhard, Eucken, von Hayek, von Mises, Müller-Armack, Röpke, Rüstow,* sondern für wirklich alle – war die Sicherung von Privateigentum ein zentraler Punkt. Von denen, die sich mit der modernen Theorie der Eigentumsrechte (Property Rights) intensiv befaßt haben, wird ebenfalls bestätigt, daß diese Theorie nichts anderes und nichts Neues gefunden habe, sondern nur die älteren Paradigmen bekräftige, etwa die Bedeutung der konstituierenden Prinzipien der Wettbewerbsordnung von *Walter Eucken.* Ich muß also um Nachsicht bitten, daß ich für so abstruse Behauptungen wie die von Herrn *Becker* keinerlei Verständnis aufbringen kann.

Ich meine, Herrn *Petrakow* etwas ganz Zentrales zu fragen, wenn ich frage: Hat man sich in der Sowjetunion überlegt, wie man das sozialisierte Land wieder privatisieren, wieder in das Eigentum einzelner überführen kann? Bislang habe ich in noch keiner Darstellung der Perestrojka etwas über Privateigentum gelesen.

(Alfred Schüller) Neben der Preisbildung ist in der Tat das Eigentum ein entscheidendes Ordnungsmerkmal, nicht im rechtlichen, sondern im ökonomischen Sinne. Diese wichtige Erkenntnis verdanken wir *Eucken.* Frau *Riehm-Günther* hat recht: Neuerdings wurden diese Erkenntnisse von der Property Rights-Lehre wieder systematisch aufgegriffen.

Wenn man Eigentum als Kombination der drei Elemente Verfügung, Nutzung und Haftung auffaßt – also im ökonomischen Sinne definiert ...

(Wolfgang Seiffert) Diese Definition ist zugleich die übliche juristische. Auch Juristen unterscheiden Besitz-, Nutzungs-, und Verfügungsbefugnis.

(Alfred Schüller) Als Ökonomen stellen wir jedenfalls in vielen Unternehmungen und zahlreichen arbeitsteiligen Verfahren des Wirtschaftens vielfältige Teilungen der drei Eigentumsfunktionen fest.

Was das staatliche Eigentum an Produktionsmitteln, das Ordnungsmerkmal einer Zentralverwaltungswirtschaft sowjetischen Typs, so außerordentlich ineffizient macht, ist, daß die Verknüpfung von Verfügungs- und Nutzungsrechten mit vergleichweise sehr hohen Organisationskosten verbunden ist. Dabei kann die Haftung nicht sichergestellt werden. Hier liegt die Ursache dafür, daß sich das sowjetische Wirtschaftssystem im Prozeß seiner Entfaltung in vieler Hinsicht als „organisierte Verantwortungslosigkeit" darstellt. Daran wird sich bei weiterhin dominierendem Staatseigentum nichts ändern.

Im Haftungsprinzip wird damit ein zweiter grundlegender Systemunterschied erkennbar. Es ist konstitutiv für eine Marktwirtschaft, jedoch unter den Bedingungen vorherrschenden Staatseigentums an Produktionsmitteln nicht realisierbar. Dies begründet ein systemimmanentes Anreiz- und Kontrolldefizit.

(Waldemar B. Hasselblatt) Schon *Lenin* hatte in seinen Aprilthesen des Jahres 1917 die Aufteilung des Bodens unter den Bauern versprochen. Als aber die bäuerlichen Soldaten mit der Hoffnung heimkamen, ihren Anteil vom aufzuteilenden Großgrundbesitz zu erhalten, mußten sie feststellen, daß der Staat der Bolschewiki Eigentümer des Bodens war und sie leer ausgingen. In der Kollektivierungspolitik wurden dann die letzten bäuerlichen Existenzen von *Stalin* vernichtet – die „Kulaken", wie man sagte, obwohl der größte Teil davon keine Kulaken, sondern mittlere und kleine Bauern waren. Der verbleibende Rest hatte in die Kollektiv- oder Staatswirtschaft einzutreten. So gibt es in der Sowjetunion keine Bauern mehr, nur schlecht bezahlte Landarbeiter.

Dennoch scheinen die bäuerlichen Instinkte noch nicht erloschen zu sein. Den Landarbeitern der Kolchosen stehen nämlich rund 0,4 Hektar zur freien Bewirtschaftung zu. Obwohl auf dieses private Hofland nur weniger als zwei Prozent des gesamten Ackerlandes entfallen, stammen daraus beispielsweise sechzig Prozent der Kartoffelerzeugung der Sowjetunion sowie dreißig Prozent der Gemüse-, Milch- und Fleischproduktion. Wenn man in Leningrad oder einer anderen größeren Stadt der Sowjetunion jenen Teil des Marktes aufsucht, auf dem die Erzeugnisse dieses privaten Hoflandes angeboten werden, sieht man plötzlich schön gewachsene Mohrrüben, saubere Radieschen, grüne Gurken wie von

Bildern, weiche Wolle. Auf dem Markt nebenan liegen die Produkte der Kolchosen: schmutziges, unansehnliches Gemüse, billiger zwar als das vom privaten Hofland, trotzdem finden die privat erzeugten Produkte raschen Absatz.

Was die russischen Landarbeiter-Bauern trotz sonstiger Knebelung durch fleißige, intensive Arbeit aus ihrem kleinen privaten Landstück herauswirtschaften und wie sie es anbieten, zeigt bäuerliche Unternehmer-Initiative. Ich ziehe daraus den Schluß, daß nach einer echten Bauernbefreiung, das heißt, von dem Moment an, von dem den Landarbeitern in den Kolchosen und Sowchosen genügend Land zur Eigenbewirtschaftung durch Eigentumsübertragung oder im Erbpachtverhältnis übergeben wird, die Ernährungssituation in der Sowjetunion grundlegend besser sein wird.

(Gerhard Prosi) Ein wesentliches Element jeder Marktwirtschaft ist die Konsumentensouveränität. Damit sie funktionieren kann, setzt Konsumentensouveränität zwingend Produzentensouveränität voraus, das heißt Investitionsfreiheit.

In dem Sinne gibt es keine Marktwirtschaft ohne private Verfügungsrechte über Produktionsmittel. Freiheit des Wettbewerbs als notwendige Voraussetzung für eine funktionsfähige dynamische Marktwirtschaft ist ohne private Eigentumsrechte und Haftungspflichten nicht möglich.

Zwei Währungen, aber keine Waren?

(Antonius Wichmann) Herr *Petrakow* hat vom Erfordernis gesprochen, zwei Währungen einzuführen, die eine mehr oder weniger innen-, die andere außenbezogen. Ich war in Sowjetrußland und habe erlebt, daß es dort längst zwei Währungen gibt. Mit D-Mark, Dollar oder englischem Pfund kann man in den Städten Waren ganz nach Wunsch und in hoher Qualität bekommen.

(Hermann von Berg) Der konvertible Rubel ist ein alter Wunsch. Schon seit der „Neuen Ökonomischen Politik" hat man in Rußland vor, die Währung konvertibel zu machen. *Stalin* hat sogar die Entwürfe zum Internationalen Währungssystem mit ausarbeiten lassen. Schließlich ist die Sowjetunion dem Bretton-Woods-Abkommen dann doch nicht beigetreten. 1944 war das.

Vor zwanzig Jahren hat man dann im RGW erneut beschlossen, die Konvertibilität einzuführen. Die DDR hat dem zugestimmt. Vor einem Jahr hat sie ihre Zustimmung wieder zurückgezogen.

Warum das alles? Warum paßt kein Schritt zum anderen? Warum das ziellose Hin und Her? Ganz einfach: Weil es objektive Schwierigkeiten gibt. Die geplanten Reformen wären sinnvoll und nützlich, aber sie sind nicht möglich. Sie passen nicht in das System.

Man nehme doch einmal an, die Währung wäre konvertibel. Was würde dann passieren? Alsbald würden die Verbündeten aus Äthiopien mit 500 Millionen Rubel, die man ihnen in Moskau geborgt hat, in der DDR erscheinen: „Brüder", würden sie sagen, „wir brauchen 500 Lkws, 20 Reismühlen, 20 Zementwerke und 5000 Autos."

Der DDR-Mensch im Außenhandelsministerium wird dann antworten: „Ausgezeichnet, Genossen. Wir haben das dritte Jahr des Fünfjahrplanes. Alles ist aufgeschrieben. Im kommenden Jahr werden wir Eure Wünsche prüfen, dann bestätigen. Schon für den nächsten Plan werden wir alles vorbereiten. Im Zuge der Erfüllung des nächsten Plans könnt Ihr haben, was Ihr braucht, vorausgesetzt, die Partei ändert den Plan nicht zwischendurch." So läuft das mit der Konvertibilität. Kurz und knapp heißt das: Nichts läuft. Konvertibilität und Planwirtschaft sind unvereinbar.

Wie soll denn Geld verwendet werden, das keine Funktion hat? Streng genommen ist doch Geld im Osten gar kein Geld. Die Funktionen und die Inhalte sind doch völlig andere.

(Wolf Dieter Becker) Wenn die Situation so ist, wie Sie sie schildern, dann nutzt Achselzucken sicherlich nichts. Die Frage muß lauten: Was hat praktisch zu geschehen, damit sich die Dinge ändern? Ich will nur darauf aufmerksam machen, daß *Peter Graf Yorck von Wartenburg* einige Denkansätze aus der deutschen Kriegswirtschaft in einer 1942 veröffentlichten Schrift der Akademie für Deutsches Recht festgehalten hat. Damals wurde versucht, in das Regime gestoppter Preise mittels verbindlichen (und kontrollierten) Kalkulationsregeln marktwirtschaftliche Elemente einzubauen; so zum Beispiel in der Textilwirtschaft, in der holzverarbeitenden Industrie und beim Waggonbau.

(Gerhard Prosi) Eine marktwirtschaftliche Preisbildung bei formalem Staatseigentum: Wie soll denn das funktionieren? Verkauft der Staat an sich selbst? Was sind das dann für Preise? Was ist das für ein Preissystem?

Herr *Becker* meint, daß Märkte ohne privates Eigentum möglich sind, sofern nur das Preissystem funktioniere. Ich halte das für einen logischen Widerspruch. Das Preissystem funktioniert nicht ohne Privateigentum, das heißt ohne eine große Zahl von Eigentümern.

(Hans Michaelis) Als damaliger Mitarbeiter von *Yorck von Wartenburg* möchte ich hierzu noch folgendes feststellen: Mir sind die Überlegungen bekannt, die hinsichtlich einer gewissen Flexibilisierung des Systems der zentralen Preislenkung und Bewirtschaftung im Reich angestellt wurden. Trotz einer Vielzahl von Bemühungen muß dieser Versuch als gescheitert angesehen werden. Letztlich ist nur die Organisation einiger Tauschzentralen und eine Freigabe der Preise für Antiquitäten gelungen. Ich glaube, damit könnten wir noch nicht einmal einen Flohmarkt beschicken.

Was bedeutet das? Das Problem des Übergangs von einer zentralverwalteten Wirtschaft zu einer Marktwirtschaft ist kein Problem, das sich – wie Herr *Becker* meint – durch verbindliche Kalkulationsregeln bewerkstelligen läßt. Offensichtlich hat das schon *Lenin* gewußt. Er soll gesagt haben: Wenn wir einmal die ganze Welt mit dem Kommunismus beglückt haben, dann behalten wir uns ein Land vor, das seine Marktwirtschaft fortführt. Und warum? Weil wir dann wissen, wie sich die Preise bilden.

Denken wir zurück, in welcher Form und in welchen Richtungen sich der Wechsel von einer Plan- zu einer Marktwirtschaft in den einzelnen Ländern vollzogen hat – etwa in Frankreich der Übergang von der Planification zu einem marktwirtschaftlichen System. Niemand wird bestreiten, daß in Frankreich das Ideal einer Marktwirtschaft heute nahezu verwirklicht ist. Die entscheidenden Schritte, dieses Ziel zu erreichen, wurden in Frankreich – wie auch in ähnlich gelagerten Fällen – durch die allmähliche Annäherung der Preise an das Marktpreisniveau unternommen. Dadurch ergab sich zu einem bestimmten Zeitpunkt quasi eine Marktwirtschaft im Sinne einer relativ ausgeglichenen nationalen Preisstruktur. Das führte zu einer Lockerung der bis dahin strikten Planification. Aufgrund solcher Erfahrungen glaube ich, daß nur über eine Angleichung der Preisstrukturen das angestrebte Ziel, die Marktwirtschaft, erreicht werden kann. Allerdings muß man hierbei einen längeren Zeithorizont zugrunde legen.

(Wolfgang Frickhöffer) Herr *Petrakow* hat dargelegt, daß die Einführung der Marktwirtschaft und die Freigabe von Preisen zur Inflation führen

würden und daß schon jetzt in der Sowjetunion eine Inflationsrate von – verzeihen Sie: überraschend niedrig geschätzten – sieben Prozent festzustellen sei.

(Nikolaj Ja. Petrakow) Ich schätze die wahre Inflationsrate in der Sowjetunion auf sieben Prozent. Aber ich bestehe nicht auf dieser Zahl. Die Inflation in der Sowjetunion zu berechnen, ist eine ziemlich komplizierte Angelegenheit. Das Erfassen von Preisen in der UdSSR ist so schwierig, wie es schwierig ist, das Lächeln des Cheshire-Katers in der Geschichte von Alice im Wunderland zu deuten. Wenn fünfzig sowjetische Wirtschaftswissenschaftler beisammen sind, sind mindestens fünfzig verschiedene Berechnungen der Inflationsrate versammelt. Aber was könnte es eigentlich nutzen, die korrekte Zahl zu kennen? Wichtig ist, zu wissen, daß es Inflation gibt, und zu versuchen, sie einigermaßen zu beherrschen.

(Wolfgang Frickhöffer) In Preissteigerungen offenbart sich eine gesamtwirtschaftliche Diskrepanz zwischen Angebot und Nachfrage: Die wirtschaftliche Lage, wie sie wirklich ist, wird durch Inflation entlarvt. So gesehen ist die genaue Inflationsrate schon interessant.

Doch abgesehen davon: Inflation ist keineswegs eine zwangsläufige Folge der Marktwirtschaft. Marktwirtschaft heißt, daß die Einzelpreise flexibel sein müssen. Marktwirtschaft heißt nicht, daß das Preisniveau inflationär steigen muß.

Leider hat Herr *Petrakow* nicht gesagt, wie er sich die Rolle der Geldpolitik denkt. Er hat über Währungspolitik gesprochen, nicht jedoch über Geldpolitik. Eine straffe Geldpolitik ist jedoch das Instrument, mit dem Geldwertstabilität gesichert werden kann.

(Werner Flandorffer) Das ist richtig: Eine straffe Geldpolitik ist das Instrument, mit dem Geldwertstabilität gesichert werden kann, und zwar auch in einem weitgehend zentralverwalteten System. Allerdings erfordert das gleichzeitig, daß eine große Mobilität der Produktionsfaktoren – von Kapital und Arbeit – vorhanden sein muß. Läßt das sozialistische System diese größere Mobilität zu? Kann es in einem zentralverwalteten System Freiheit in der Berufswahl und der Wahl des Wohnorts geben?

Vermeidung von Inflation erfordert darüber hinaus auch eine staatliche Ausgabenpolitik, die sich nicht ausschließlich nach staatlichen Zielen richtet, sondern Prioritäten setzt und sich letztlich an den Einnahmen orientiert. Ich kann mich angesichts der gewaltigen Höhe des russischen

Budgetdefizits nicht des Eindrucks erwehren, daß man einfach sagt: Bestimmte Zwecke müssen in der Sowjetunion staatlich erfüllt werden; bestimmte Ausgaben sind notwendig. Ein stabiles Preisniveau ist jedoch nur möglich, wenn sich der Staat einer strikten Ausgabendisziplin unterwirft und seine Ausgaben an den Einnahmen, nicht aber umgekehrt, ausrichtet.

(Nikolaj Ja. Petrakow) Ich bin selbstverständlich nicht der Meinung, daß ein Preisanstieg unausweichlich ist. Man kann Inflation verhindern, wenn man die Einkommen streng kontrolliert. Aber das Besondere unserer Situation ist eben, daß eine strenge Kontrolle der Preise wegen des Fehlens einer Einkommenskontrolle zu einem Ungleichgewicht zwischen der Geldmenge und der Summe der Warenpreise geführt hat.

Dieses Ungleichgewicht beträgt auf dem Markt für Konsumgüter siebzig Milliarden Rubel. Die Menschen können derzeit siebzig Milliarden Rubel für Waren ausgeben, die es nicht gibt. Wenn wir in dieser Situation die Marktwirtschaft einführen würden, würde das zu einem sprunghaften Anstieg der Preise führen. Nachfrage und Angebot würden die von der Kontrolle befreiten Preise wie in kommunizierenden Röhren auf hohem Niveau ausgleichen.

Dieses Problem bereitet uns zur Zeit große Sorgen. Wir wollen eine Reihe finanzieller Maßnahmen durchführen, damit dieser Preisanstieg nicht explosionsartig erfolgt. Im übrigen befürworte ich eine Politik der „beherrschten Inflation". Man sollte nicht glauben, daß man ganz ohne Inflation auskommen könnte.

(Alfred Schüller) Ich meine sogar: Man muß Inflation überhaupt nicht bekämpfen, wenn die Preise keine Lenkungsfunktion haben. Wenn die Zentrale alles zuteilt, dann ist Inflationsbekämpfung bestimmt keine vorrangige Aufgabe.

Sozialistische Betriebe: Marktfreiheit durch Staatsaufträge?

(Walter Wichmann) Professor *Petrakow* hat allerlei schwierige wirtschaftliche Reformen beschrieben und für die Errichtung von Gemeinschaftsunternehmen geworben. Andererseits hat er auf den beträchtlichen Devisenbestand der UdSSR hingewiesen. Wenn Nachfrage wegen fehlender Ware nicht befriedigt werden kann, dann drängt sich doch

zuallererst die Frage auf: Warum importiert die UdSSR nicht mehr? Warum bedient sich die Sowjetunion nicht des Weltmarkts?

(Nikolaj Ja. Petrakow) Damit kein Mißverständnis aufkommt: Wenn ich für die Errichtung von Gemeinschaftsunternehmen werbe, erbitte ich keine Hilfe. Bisher hat die Sowjetunion noch niemanden um Hilfe gebeten. Alle Kredite, die wir in Anspruch nehmen, sind keine Hilfe, sondern Geld, das mit Zins zurückgezahlt wird. Wir nehmen Kredite nicht etwa auf, weil wir hilflos wären, sondern weil wir größere Dynamik in unsere Umgestaltung bringen wollen. Je mehr ausländische Ressourcen wir heranziehen, um so stärkere wirtschaftliche Dynamik schaffen wir.

Natürlich haben wir in unserer Wirtschaft viele Fehler gemacht. Wir betrachten es als unsere eigene Aufgabe, diese Fehler zu beseitigen. Dabei stellt sich nicht die Frage nach irgendwelcher Hilfe von außen, wie man sie beispielsweise unterentwickelten Ländern gewährt. Wirtschaftliche Zusammenarbeit – wie wir sie verstehen und anstreben – macht nur Sinn, wenn sie für beide Seiten vorteilhaft ist.

(Eva Riehm-Günther) Meinen Sie wirklich, daß man in der Sowjetunion abschätzen kann, was für Privatunternehmen vorteilhaft ist? Ich zweifle schon daran, daß die Sowjetunion ihre eigenen Vorteile erkennt. Man verschließt doch noch immer – trotz Perestrojka und Glasnost – vor zentralen Fragen die Augen und wagt sich nicht an grundlegende ordnungspolitische Umgestaltungen. Ich frage noch einmal: Wie steht es beispielsweise mit der Privatisierung von sozialisiertem Land? Und was die neuen sowjetischen Aktiengesellschaften betrifft: Wird denn damit sozialistisches Eigentum an Produktionsmitteln in Privatbesitz überführt? Wie weit gehen denn die Verfügungsrechte der sogenannten russischen Aktionäre? Oder ist gar nicht an Verfügungsrechte gedacht? Soll nur Kaufkraft absorbiert werden? Siebzig Milliarden Rubel, Geld, für das – wie Herr *Petrakow* sagt – in der Sowjetunion keine Waren zu haben sind?

(Werner Flandorffer) Die Frage, ob und wie sowjetische Aktiengesellschaften eingerichtet sein werden, ist keine prioritäre Frage. Für wirtschaftliche Effizienz haben vor allem anderen die Sanktionsmechanismen Bedeutung. Wenn ein Staatsbetrieb Bankrott macht und die Betriebsleitung in anderen Betrieben in gleicher Funktion weiterarbeiten kann, dann sind Verluste für sie völlig uninteressant. Ganz anders wird das sein, wenn Betriebsverluste persönliche Sanktionen nach sich ziehen.

(Wolf Dieter Becker) Die Frage nach der Haftung in der sozialistischen Wirtschaft scheint mir einfach lösbar. Man könnte zum Beispiel vom Betriebsleiter eine Kaution verlangen, die verzinst wird. Wenn der Betrieb dann Bankrott machen sollte, müßte der Betriebsleiter seine Kaution mit einschießen.

(Eva Riehm-Günther) Was Sie hiermit vorschlagen, sind erbärmliche Krücken, mit denen sich nur um die einzig klare und überzeugende Lösung herumhumpeln läßt. Ich verstehe Ihre Motive nicht. Aber Ihre Vorschläge können in keiner Weise die Lösung ersetzen, die mit der Errichtung von Privateigentum automatisch gegeben wäre. – Ein russischer Betriebsleiter, der eine Kaution für den Pleitefall ansparen und hinterlegen muß! Ich möchte den Betriebsleiter sehen, der in einem sozialistischen System eine solche Auflage nicht mittels irgendeiner Abzweigung aus der Produktion lässig erfüllen könnte.

(Gertraud Forstner) Bei der Gründung von sowjetischen Aktiengesellschaften stellen sich ganz konkrete Fragen: Wer soll Aktionär werden können? Auch Ausländer, die sozusagen als Devisenbeschaffer Geld anlegen? Oder soll der sowjetische Bürger sein Geld, für das er keine Waren bekommt, das für ihn also wertlos ist, in diese Aktiengesellschaften einbringen? Weiterhin: Wie sind die Kontrolle und die Rechte der Aktionäre gesichert? Kann man erwarten, daß in den nächsten Jahren in Moskau eine Börse eingerichtet wird, an der diese Aktien gehandelt werden?

(Nikolaj Ja. Petrakow) Natürlich gibt es die Möglichkeit, daß Arbeiter einen Teil ihres Einkommens für den Kauf von Aktien verwenden. Damit können sie sozusagen Miteigentümer des Betriebes werden, in dem sie arbeiten. Doch Aktiengesellschaften sind vor allem große Unternehmen, bei denen eine Dezentralisierung des Eigentums und eine Dezentralisierung des Investitionsprozesses stattgefunden hat.

(Wolfgang Seiffert) Diese Dezentralisierungskonzeption hat inzwischen wohl einige Rückschläge erlitten. So enthält beispielsweise das Betriebsgesetz vom 1. Januar 1988 einen Passus über Staatsaufträge. Derartiges gehörte nicht zur Konzeption derjenigen, die das Betriebsgesetz entworfen haben. Der entsprechende Passus ist vielmehr von der Bürokratie in das Gesetz eingeschmuggelt worden. Insofern hat die Bürokratie das Gesetz von Anfang an ad absurdum geführt.

Die Konzeption war, analog zu den Erfahrungen in Ungarn eine Autonomie der einzelnen Wirtschaftsunternehmen herzustellen, die letztlich keinen direktiven Planvorgaben mehr unterworfen sind, sondern sich an den Bedürfnissen auf dem Markt ausrichten.

(Nikolaj Ja. Petrakow) Solche, wie auch andere Erscheinungen sind eine unweigerliche Folge davon, daß wir in der Sowjetunion vor dem schwierigen Problem stehen, einen Markt in einem Lande einzuführen, in dem es Derartiges noch nie gegeben hat. Zugleich muß die sowjetische Wirtschaft wiederbelebt werden. Unser Problem ist deshalb, schnell praktikable Wege zu finden, nicht aber langwierige theoretische Überlegungen anzustellen.

Glasnost: Unbeabsichtigte Fortsetzung der Perestrojka?

(Erwin Wickert) Eine Wirtschaftsreform ist nicht möglich ohne politische Reformen. Das hat sich überaus deutlich in China gezeigt. *Deng Xiaoping* hatte kein Konzept, als er die Reform begann. Nur eine Tatsache stand fest, nämlich daß der Führungsanspruch der Kommunistischen Partei Chinas auf jeden Fall erhalten bleiben müßte. Im übrigen wollte er die Reform auf wirtschaftliche Angelegenheiten und Strukturen begrenzen. Das ist nicht gelungen.

Das duale Wirtschaftssystem, das sich alsbald ausbildete, hat in China zu einer Korruption größten Ausmaßes geführt, die nur möglich ist, wenn ein Regime vierzig Jahre lang ohne jede Kontrolle an der Macht ist. Das chinesische Volk hat heute sein Vertrauen zu Partei und Regierung verloren. Sowohl die Parteiführung als auch die Regierung wissen das. In diesem Zustand allgemeiner Korruption und beim daraus folgenden Vertrauensverlust ist es sehr schwer, wirtschaftliche und politische Direktiven durchzusetzen.

Die Dezentralisation hat in China dazu geführt, daß viele Provinzen ihre eigene Politik machen. Selbst das Volk macht seine eigene Politik. Ein Wort, das überall umläuft und die Führung außerordentlich ärgert, lautet: „Ihr da oben macht Eure Politik, wir machen unsere Gegenpolitik." Leider gibt es im Land auch wenig Akzeptanz für vernünftige Gesetze und Direktiven Pekings. Die Provinzen, Kreise, Städte hören oft gar nicht mehr hin, was Peking spricht.

Ich meine, daß diese politischen Gesichtspunkte bei der Beurteilung der wirtschaftlichen Gegebenheiten und Möglichkeiten stärker berücksichtigt werden müssen als bislang. Es gibt heute in der chinesischen Intelligenz schon Leute, die sagen: Wenn es so weitergeht, wird das Land in ein Chaos geführt. Ein Chaos aber würde es auch geben, wenn wir jetzt sofort die Marktwirtschaft einführten – nur mit dem Unterschied, daß sich in diesem Fall nach gewisser Zeit eine marktwirtschaftliche Ordnung herstellt und daß die Preise dann nicht mehr von den Behörden festgelegt und manipuliert werden, sondern sich aus Angebot und Nachfrage bilden.

Manche Intellektuelle, unter ihnen auch einige Ökonomen, meinen, erst wenn ein solches Chaos herrscht und eine neue Wirtschaft dann wie eine Lawine niederbricht, könnten die alten Strukturen, die Nomenklatura, die Schleichwege, die Notkonstruktionen weggefegt werden; erst dann könne der Führungsanspruch der Partei durchbrochen werden; erst dann könne sich eine neue, funktionierende Wirtschaftsordnung entwickeln.

(Eva Riehm-Günther) Es gibt viele Leute, die die Dezentralisierung im planwirtschaftlichen System auf das höchste loben. Sie verkennen, daß Marktwirtschaft Dezentralisierung per se ist. Mir scheint, daß in dieser Hinsicht auch in der UdSSR ein großes Mißverständnis herrscht. Man denkt offensichtlich, wenn Kompetenzen von der Zentrale in Moskau auf die Zentralen der verschiedenen Sowjetrepubliken übertragen werden, habe man auch eine Dezentralisierung der Wirtschaft geschaffen.

Wilhelm Röpke hat beschrieben, wie vor 1948 in Deutschland die zentralisierte Kriegswirtschaft plötzlich in viele Zentren zerfiel. Dadurch hat sich keineswegs eine Marktwirtschaft entwickelt, sondern es kam lediglich zur Desintegration. Nun schaue man sich aber doch einmal in der Sowjetunion um, wie der Vielvölkerstaat im Zuge der Perestrojka zerfällt und wie ohnmächtig die politische Ordnungsmacht in den neuen Subzentren zu agieren versucht.

(Rolf D'heil) Der sowjetische Publizist *Igor Kljamkin* hat zum Demokratieprinzip soeben einen langen Artikel in der Monatszeitschrift „Nowi Mir" veröffentlicht. Er hat eine „ideologische Perestrojka" verlangt. Er versteht darunter „den Abriß des gesamten Wertesystems und die Aufgabe des Ideals der Gleichheit zugunsten des Ideals der individuellen Selbstentwicklung". Unter *Lenin,* so meint *Kljamkin,* habe der Grundsatz der Einheit der Partei über das Prinzip der Demokratie gesiegt. Aber

auch bei den Reformen von Staats- und Parteichef *Gorbatschow* habe das Prinzip der Einheit gesiegt.

Die Zeitschrift hat sich von diesem Artikel distanziert, aber die Kritik an *Gorbatschow* doch immerhin zugelassen. Noch vor kurzem wäre das kaum möglich gewesen.

(Frank Marheinecke) Politische Freiheit knüpft zwangsläufig an wirtschaftliche Freiheit an. So entsteht die Frage: Kann eine politische Führung, die sich dieses Zusammenhangs bewußt ist, wirklich eine Liberalisierung der Wirtschaft anstreben?

Wenn es zu den eingeleiteten Reformen, ökonomisch gesehen, keine Alternative gibt: Wird die sowjetische Führung dann auch bereit sein, das politisch Erwünschte dem wirtschaftlich Erforderlichen nachfolgen zu lassen?

(Werner Flandorffer) Auch ich frage mich: Ist sich die russische Führung eigentlich darüber im klaren, daß die Einführung marktwirtschaftlicher Elemente automatisch zu einer gewissen Demokratisierung und zu einer größeren Freiheit für den einzelnen führen muß?

(Frank Marheinecke) Es geht dabei ja gar nicht nur um die Freiheit des einzelnen, sondern auch um die Freiheit der Völker in der Sowjetunion. Viele meinen, die Bindungskräfte dieser großen Union seien höchst debil: Die Sowjetunion sei siebzig Jahre hindurch ausschließlich vom Chauvinismus der Russen zusammengehalten worden. Fällt diese Union nun im Zuge der Perestrojka auseinander?

(Nikolaj Ja. Petrakow) Der Zusammenhang zwischen wirtschaftlichen und politischen Freiheiten scheint mir außerordentlich interessant und wichtig. Viele Intellektuelle in der Sowjetunion haben frühzeitig die Probleme gesehen, die sich aus dieser Interdependenz für die politische Führung und die Partei ergeben können. Auch die Führung hat inzwischen erkannt, daß politische und wirtschaftliche Freiheiten nur in einem unauflösbaren Zusammenhang verwirklicht werden können.

Wir waren schon lange mit dem Lenkungssystem unserer Wirtschaft unzufrieden. Es wurden verschiedene Maßnahmen ergriffen, um daran etwas zu ändern. Aber all diese Versuche sind letztlich gescheitert. Die Hauptursache für dieses Scheitern war, daß wir Änderungen in der Wirtschaft durchführen wollten, ohne etwas im politischen Leben zu verändern. Die Politik *Gorbatschows* ist nun gerade darauf gerichtet, die Demokratisierung im politischen Leben mit der Demokratisierung im wirtschaftlichen Leben zu verbinden.

Mir scheint, daß sich über diesen Weg eine Koexistenz von Sozialismus und Marktwirtschaft anbahnt. Natürlich ist der stalinistische Sozialismus mit Marktwirtschaft überhaupt nicht vereinbar. Ein Sozialismus im demokratischen Sinne ist jedoch mit der Marktwirtschaft kompatibel. Das macht auch für diejenigen in der Sowjetunion das Leben leichter, die dort für politische Reformen kämpfen. Wir halten das für eine große positive Errungenschaft in unserem ideologischen Leben.

(Gertraud Forstner) Ist es schon genug, wenn das Leben für die Oppositionellen leichter wird, wenn die politische Opposition nur geduldet wird? Kann sich einer unter uns wirklich vorstellen, daß mehr Freiheit in der sowjetischen Wirtschaft eingeführt wird, ohne daß gleichzeitig auch mehr Freiheit im politischen Leben gewährt wird – umfassend und mit allem, was dazugehört: freie Wahlen, Opposition, Pluralismus, Freizügigkeit?

(Wolfgang Seiffert) Ich meine, daß die Reformer in der Sowjetunion sehen, daß man ohne Veränderung der politischen Strukturen keine wirtschaftlichen Reformen erfolgreich durchführen kann. Allerdings ist auch das ein Prozeß und kein einmaliger Akt. Auch erfolgt er unter anderen Bedingungen als in Polen oder in Ungarn. Die Etappe, in der sich die Sowjetunion mit der Veränderung politischer Strukturen befindet, könnte man mit dem Begriff Demokratisierung kennzeichnen. In Ungarn oder Polen geht es eigentlich schon um die Schaffung von Demokratie.

(Alfred Schüller) Mehr Freiheit in der Politik durch mehr Freiheit in der Wirtschaft? Oder: Mehr Freiheit in der Wirtschaft durch mehr Freiheit in der Politik? Chile und Südkorea sind Beispiele dafür, wie autoritäre Regierungen Schritt für Schritt eine erfolgreiche Marktwirtschaft eingeführt und mit starker Beschleunigung durchgesetzt haben.

Die Einführung der Marktwirtschaft in der Bundesrepublik war ebenfalls kein Ergebnis einer demokratischen Abstimmung – wahrscheinlich wäre sie dann in dieser Form nicht entstanden. Sie ist vor allem *Ludwig Erhard* zu verdanken, der zum richtigen Zeitpunkt das Richtige getan und seine jahrzehntelang wissenschaftlich bedachte Konzeption der Sozialen Marktwirtschaft praktisch verwirklicht hat.

Was Freiheit in der Politik im Sinne der Demokratie bewirken kann, ist davon abhängig, was die Mehrheit aus dieser Freiheit macht. Man kann sich vorstellen, daß eine Mehrheit zu dem Ergebnis kommt, die Freiheit abzuschaffen. Davon haben wir partiell genügend Beispiele gerade bei uns in der Bundesrepublik Deutschland. Wenn wir nur die aktuellen Widerstände gegen die Deregulierung betrachten, müssen wir bekennen: Auch wir in der Bundesrepublik haben ein Perestrojka-Problem.

Marktwirtschaft in der Bundesrepublik: Muster oder Flickwerk?

(Eva Riehm-Günther) Herr *Petrakow* sagte, in der Sowjetunion habe man die verschiedenen Währungsreformen studiert. Die deutsche Lösung von 1948 käme für die UdSSR jedoch nicht in Betracht.

Nun war ohne Zweifel die deutsche Wirtschafts- und Währungsreform die Grundlage für den überraschend schnellen Wiederaufbau, für das „deutsche Wirtschaftswunder". Da dieses Wirtschaftswunder in der Welt ohne Beispiel ist, bezweifle ich, daß man in Moskau angemessene Lösungen finden kann, wenn man die deutschen Erfahrungen mit der Wirtschafts- und Währungsreform, die *Erhard*sche Reform, gar so schnell verwirft.

Herr *Hohmann* hat darauf verwiesen, *Erhard* habe immer betont, daß das Wirtschaftswunder kein Wunder gewesen sei, sondern die vorhersehbare Folge von konsequentem Handeln auf der Grundlage lang bedachter Maßnahmen. In der Sowjetunion – hören wir – hofft man auf eine Wirtschaftsentwicklung, wie sie die Westdeutschen genossen haben. Man glaubt jedoch, dieses Ziel auf irgendeinem anderen Weg finden zu können. Ist das nicht eine riesengroße Illusion?

Man hat den Reformweg, den *Erhard* bis in Details hinein genau kannte, noch gar nicht vermessen können. Man weiß nicht, welche Schwierigkeiten er birgt, sondern nur, daß die Probleme immens und kaum überwindbar sind. Man ist unsicher, ob man den Weg meistern kann. Herr *Petrakow* bekennt uns – ganz anders, als wir es ihm von *Erhard* berichten können –, daß er zum Pessimisten werde, wenn er nach vorn blickt. Wenn ich mir das vergegenwärtige, würde es mir wie das russische Jahrtausend-Wunder vorkommen, wenn die Sowjetunion mit ihren Reformen wirklich dort ankommen sollte, wo sie ankommen möchte.

(Nikolaj Ja. Petrakow) Ich habe mich in keiner Weise von den Ideen *Ludwig Erhards* distanziert. Mit meinem Hinweis auf interessante Erfahrungen mit Währungsreformen in Italien und Japan habe ich doch nicht *Erhards* Konzeption verworfen. Ich meine lediglich, daß die technische Seite der Währungsreform von 1948 in Westdeutschland auf die gegenwärtigen Bedingungen in der Sowjetunion schwerlich anwendbar ist.

Ich könnte zu dieser Frage viel sagen. Ersparen Sie mir die Begründungen. Glauben Sie mir, ich habe die Frage ernsthaft geprüft. Ich bin zur Ansicht gekommen, daß in der Sowjetunion jetzt wirklich nicht jene Bedingungen herrschen, die uns gestatten, eine so glänzende Währungsreform durchzuführen, wie es im Jahre 1948 in Westdeutschland geschehen ist.

(Karl Hohmann) Wenn es eine Parallele zwischen den Verhältnissen in Westdeutschland und denen in der Sowjetunion gibt, dann die, daß es in Deutschland 1948 nicht ohne eine „Stunde der Wahrheit" ging. Das war die Währungsreform, die zu einer großen Belastung der Bevölkerung, aber auch zu klaren Verhältnissen führte, indem die zurückgestaute Inflation beendet wurde. Wahrscheinlich wird auch die Sowjetunion nicht darauf verzichten können, eine solche Ausgangsbilanz aufzustellen.

(Manfred Lehmann) Jetzt endlich sind wir bei *Erhard* und damit dabei, Herrn *Petrakow* von den wirklichen Erfahrungen mit der Marktwirtschaft in Deutschland zu erzählen. Ich wette: Sie, Herr *Petrakow,* sind bestimmt nicht nach Deutschland gekommen, um die klassische liberale Marktwirtschaft zu studieren, sondern die Soziale Marktwirtschaft. Sie wollen wahrscheinlich vor allem wissen, wie das Soziale in der Sozialen Marktwirtschaft ausgestaltet ist. Ich möchte Ihnen hierzu nur drei kleine Hinweise geben.

Zunächst müssen Sie wissen: Sie kommen mit Ihrer Frage leider etwas spät. *Ludwig Erhard* ist bereits vor zwölf Jahren gestorben. Seine Nachfolger in der Politik haben schon gleich nach *Erhards* Ausscheiden aus dem Bundeskanzleramt – ab 1967 also – auf anderen Wegen Erfolge gesucht und – wie wir Ihnen leider bekennen müssen – in den zurückliegenden zwei Jahrzehnten mehr zerstört als aufgebaut oder gesichert. Sie werden ja die Arbeitslosenzahlen aus der Bundesrepublik kennen, oder die schwachen Wachstumserfolge, das sogenannte „Nullwachstum", aber auch die zeitweise horrenden Inflationsraten. Sie werden ja auch von all diesen schlimmen ökologischen, strukturpolitischen, sozialen und sonstigen Problemen gehört haben, die es in der Bundesrepublik jetzt gibt oder die von Politik und Parteien hochgespielt werden. Sie werden auch wissen, daß hierzulande seit Jahren der Staatshaushalt saniert werden muß, daß die Bürokratie überhand genommen hat, daß der viel zu umfänglich gewordene öffentliche Sektor reprivatisiert werden muß und daß der soziale Friede in der Bundesrepublik keineswegs mehr so gefestigt ist wie zu *Erhards* Zeiten. Kurz: Die Bundesrepublik ist heute nicht mehr so erfolgreich, wie sie es mit der *Erhard*schen Politik sein könnte.

Sie, Herr *Petrakow,* möchten also etwas über die Soziale Marktwirtschaft hören. Aber den Nachfolgern *Erhards* fehlt es an politischen Grundsätzen und Konzeptionen. Sie wursteln sich mit kurzfristigen Interventionen von Tag zu Tag durch. Ich denke: Die Technik, wie man sich hierzulande an der Macht hält, kann Sie wohl kaum interessieren. In dieser Hinsicht stellen Ihre Funktionäre ja sicherlich keine Fragen an den Wirtschaftswissenschaftler.

Bevor Sie sich jedoch, lieber Herr *Petrakow,* mit Ihren Fragen von der Politik ab- und unseren Professoren zuwenden – Ihnen zu Ehren haben sich am Podium und im Saal einige versammelt –, sollten Sie wissen: Diese Herren kennen die Marktwirtschaft nur aus Modellen, die sie für akademische Zwecke konstruiert haben. Wie man mit ökonomischen Problemen in der Realität fertig werden kann, können Sie von unseren Professoren leider nicht erfahren. Ich weiß das aus vielen Debatten. Unsere Hochschullehrer kümmern sich schon lange nicht mehr um Lösungen für die Praxis: Sie konstruieren Modelle und lassen dabei alles Schwierige und Komplizierte, das die Realität auszeichnet, einfach fort. Verstehen Sie mich nicht falsch: Ich will nichts gegen Universitätsprofessoren sagen. Nur wird deren Berufung in Deutschland seit Jahren in der Hauptsache damit begründet, daß junge Leute ausgebildet werden müssen. Das muß naturgemäß mit einfachen und anschaulichen Modellen geschehen. Die verwirrende, komplexe, komplizierte Realität hat in Hörsälen keinen Platz.

Aber Sie, Herr *Petrakow,* haben ja nun konkrete Fragen, die die wirtschaftliche Realität in Ihrem Lande aufwirft: Wie sollen Sie in der UdSSR mit der Inflation fertig werden? Wie soll die Preisreform gestaltet werden? Soll auf begrenzte Zeit eine dualistische Währung eingeführt werden? Sie hoffen, sich mit den entsprechenden Fachgremien und Wissenschaftlern darüber austauschen zu können. – Sie werden nicht erfahren, was Sie erfahren möchten. Auf Ihre Fragen werden Ihnen nur Modellösungen vorgestellt. Man wird Ihnen die „Vollständige-Konkurrenz-Marktwirtschaft" beschreiben – ein System, das auf der Insel Nirgendwo existiert und in Gedankenexperimenten blendend funktioniert.

Das wirklich Wichtige, das Ihnen unsere Professoren nicht sagen können, ist: Der Aufbau der Marktwirtschaft in der Bundesrepublik Deutschland konnte nur gelingen, weil der entscheidende Politiker, *Ludwig Erhard,* das Vertrauen der Werktätigen gewonnen hat. *Erhard* hat sich dieses Vertrauen nicht erworben, weil er mit theoretischen Modellen virtuos zu jonglieren verstand. *Erhard* war zwar Wirtschaftsprofessor. Gewiß. Aber in erster Linie waren es seine Antworten auf soziale Fragen, die ihm das Vertrauen der Bevölkerung einbrachten. *Erhard* predigte nicht über „konstituierende Prinzipien der Marktwirtschaft", Konvertibilität und anderes, auch versprach er nicht, wie Ihr Generalsekretär, ein wunderbares Übermorgen. *Erhard* hat seine Ziele – „Wohlstand für alle" und „Deutschlands Rückkehr zum Weltmarkt" – durch richtige Politik Schritt für Schritt und für jeden sichtbar erreicht. Nichts mehr und nichts weniger!

Ich bin ein einfacher Werktätiger, ein Facharbeiter. Mir scheint, beim Übergang zur Marktwirtschaft war vor allem wichtig, daß Professor *Erhard* das Volk aktiviert und jeden einzelnen zu Leistung und Engagement motiviert hat. Er hat sich den Westdeutschen als ein ernster, verantwortungsbewußter und vertrauenswürdiger Politiker präsentiert, als ein Politiker, der hält, was er verspricht, und der zudem nicht erst Sachverständige fragen muß, sondern selbst weiß, was nötig ist.

Unsere Professoren meinen heute, *Gorbatschow* müsse fast das genaue Gegenteil tun: er müsse die Marktwirtschaft von oben herab seinem Volk verordnen. Zunächst würde das den Werktätigen zwar viel kosten. Das System würde unweigerlich in eine Krise, in ein Chaos gestürzt, doch auf längere Frist würde das Volk schon merken, daß sich die Opfer auszahlen.

Ich glaube nicht, daß man in der Sowjetunion oder in irgendeinem anderen sozialistischen Staat auf diese Weise Erfolg haben kann. Ich habe schon gesagt: Ich bin ein einfacher Werktätiger. Ich habe damit den Vorzug, meine Kollegen in Ost und West zu kennen. Ich kann deren Denken nachempfinden. Ihre Arbeiter haben wirklich genug Erfahrung mit Sozialismus und politischer Propaganda. Über neuerliche Verheißungen wird man bei Ihnen nichts als bloß Witze reißen. Man wird

Ihnen nicht glauben, sondern schauen, wo sich in der Mauer zwischen West und Ost Löcher auftun, durch die man entweder ergreifen kann, was man haben möchte, oder durch die man im Extrem selbst hindurchschlüpft.

Man verrät seine Heimat nicht, wenn man den Mächtigen und Übermächtigen im Lande mißtraut, wenn man denen vorübergehend zu entweichen trachtet, die einen jahrzehntelang ausgebeutet haben. Glauben Sie mir: Zwar leiden wir auch hier im Westen unter Politik und politischen Ränken und Machtkalkülen. Aber die Freiheit und der Wohlstand, den unsere Werktätigen in einem System genießen, in dem *Ludwig Erhards* Soziale Marktwirtschaft noch zu einigen Prozent erhalten geblieben ist, sind für Ihre Arbeiter und Bauern doch viel attraktiver als sozialistische Errungenschaften, von denen der einzelne nichts spürt.

(Hans Besters) Ja, darüber kann kein Zweifel bestehen: Bei uns in der Bundesrepublik hat sich eine Menge an mehr oder weniger fragwürdigen politischen Zielen eingenistet, die einen Wildwuchs an Interventionismen und Regulierungen nach sich gezogen haben. Im Laufe der beiden zurückliegenden Dezennien ist ein weitgehender Verfall des ordnungspolitischen Denkens eingetreten. Daß die Väter der Marktwirtschaft ständig zitiert werden, hängt offensichtlich damit zusammen, daß man sich heute gar nicht mehr klar darüber ist, wie weit wir uns von deren Ordnungsvorstellung entfernt haben.

Wir sollten nicht so tun, als ob in der Bundesrepublik die Wesensmerkmale der Marktwirtschaft tatsächlich noch Gültigkeit haben. Haben wir das, was wir unter Marktwirtschaft verstehen und was unter *Ludwig Erhard* weitgehend verwirklicht war? Müssen wir nicht vielmehr feststellen, daß die Realität in der Bundesrepublik jetzt dem Konzept der Sozialen Marktwirtschaft sogar schon widerspricht?

Einige trösten sich damit, daß die Marktwirtschaft viel aushalte. Ich muß diese Feststellung aber mit der bangen Frage ergänzen: Wie lange und wieviel muß sie noch aushalten, damit sie überhaupt noch funktionsfähig bleibt? Das ist das aktuelle Problem, das auf dem Forum der Ludwig-Erhard-Stiftung weiterhin dringlich und intensiv diskutiert werden muß.

Referenten und Diskussionsteilnehmer

Becker	*Prof. Dr. Wolf Dieter* Rheinisch-Westfälische Technische Hochschule, Aachen.
Berg	*Prof. Dr. Hermann von* Universität Würzburg; *Professor Berg* war bis 1986 Sonderbeauftragter der Partei- und Staatsführung in Berlin-Ost.
Besters	*Prof. Dr. Hans* Direktor des Seminars für Wirtschafts- und Finanzpolitik an der Ruhr-Universität Bochum.
D'heil	*Dr. Rolf* Ministerialrat a.D.; *Dr. D'heil* leitete bis 1986 die „Preisausgleichskasse für revierferne Gebiete".
Flandorffer	*Dr. Werner* Ministerialdirigent; Leiter der Unterabteilung „Grundsatzfragen der Wirtschaftspolitik, Konjunktur- und Wachstumspolitik" im Bundesministerium für Wirtschaft.
Forstner	*Gertraud* Hausfrau.
Frickhöffer	*Wolfgang* Vorsitzender der Aktionsgemeinschaft Soziale Marktwirtschaft und der Alexander-Rüstow-Stiftung, Heidelberg.
Hasselblatt	*Dr. Waldemar B.* Ministerialrat a.D., Bundesministerien für Wirtschaft und wirtschaftliche Zusammenarbeit. *Dr. Hasselblatt* ist in Odessa geboren und in der Sowjetunion aufgewachsen.
Hohmann	*Dr. Karl* Vorsitzender der Ludwig-Erhard-Stiftung.
Lehmann	*Manfred* Chemiefacharbeiter, Porta Westfalica.

Marheinecke	*Frank* Steuerberater und Wirtschaftsprüfer, Frankfurt am Main.
Michaelis	*Prof. Dr. Hans* Universität zu Köln; Generaldirektor a.D. für Forschung und Technologie der Kommission der Europäischen Gemeinschaften.
Petrakow	*Prof. Nikolaj Jakowlewitsch* Korrespondierendes Mitglied der Akademie für Wissenschaften der UdSSR, Geschäftsführender Direktor des Zentralinstituts für Ökonomie und Mathematik in Moskau.
Prosi	*Prof. Dr. Gerhard* Direktor des Instituts für Wirtschaftspolitik der Christian-Albrechts-Universität zu Kiel.
Riehm-Günther	*Dr. Eva* Kinderärztin, Orthopädin, Vertrauensärztin beim Medizinischen Dienst der Krankenkassen.
Schmitt	*Prof. Dr. Matthias* Unternehmensberater, spezialisiert unter anderem auf Joint Ventures und Wirtschaftsbeziehungen mit Staatshandelsländern.
Schüller	*Prof. Dr. Alfred* Direktor der Forschungsstelle zum Vergleich wirtschaftlicher Lenkungssysteme der Philipps-Universität Marburg.
Seiffert	*Prof. Dr. Wolfgang* Professor am Juristischen Seminar der Christian-Albrechts-Universität zu Kiel.
Teltschik	*Horst* Ministerialdirektor im Bundeskanzleramt in Bonn.
Timmler	*Dr. Markus* Publizist, Bonn. *Dr. Timmler* hat seit 1950 vor Ort die Entwicklungen in der Dritten Welt und das Entstehen der großen internationalen Konferenzen wie OAE, UNCTAD und UNIDO verfolgt.

Wichmann	*Antonius* Studiendirektor, Stellvertretender Leiter der Ludwig-Erhard-Schule in Münster.
Wichmann	*Dr. Walter* Stellvertretender Hauptgeschäftsführer des Bundesverbandes der Filialbetriebe und Selbstbedienungs-Warenhäuser in Bonn-Oberkassel.
Wickert	*Dr. Erwin* Botschafter a.D.; u.a. Gesandter in London, Botschafter in Bukarest und Peking (1976 bis 1980).
Woerner	*Joachim* Unternehmensberater, spezialisiert auf Marketing und Außenhandel mit dem Fernen Osten.
Woortmann	*Geerd* Geschäftsführer der IHK-Weiterbildungs-GmbH des Deutschen Industrie- und Handelstages.

Personenregister

Abalkin, Leonid 40, 67, 90
Achromejew, Sergej 7
Aganbegyan, Abel 59, 67
Alexander der Große 86

Becker, Wolf Dieter *100f., 109, 119f., 122*, 124, *128*
Berg, Hermann von *83ff.*, 97, 100, *108f.*, 110, *111*, 113, *114f., 122f.*
Besters, Hans *99, 102, 137*
Bethkenhagen, Jochen 74
Böhm, Franz 58, 67, 101, 120
Breschnew, Leonid 12
Burckhardt, Jacob 98

Campanella, Tommaso 52
Cassel, Dieter 68
Chruschtschow, Nikita 88
Csaba, Laszlo 67

D'heil, Rolf *130f.*
Delors, Jacques 16
Deng Xiaoping 103, 129

Erhard, Ludwig 3, 29, 36, 67, 97, 120, 132, 134ff.
Eucken, Walter 44, 52, 67, 120

Flandorffer, Werner *99f., 110, 125ff., 131*
Forstner, Gertraud *128, 132*
Frickhöffer, Wolfgang *118, 124f.*

Gaddafi, El 119
Giger, Hans 68

Götz-Coenenberg, Roland 67
Gogh, Vincent van 105f.
Gorbatschow, Michail 8, 10ff., 15f., 21, 35, 38, 41, 47, 52ff., 61f., 64f., 68, 71f., 74f., 77, 98, 102f., 112, 115, 118, 131
Gromyko, Andrej 12

Halbach, Uwe 67
Hamel, Hannelore 68
Hasselblatt, Waldemar B. *116ff., 121f.*
Hayek, Friedrich A. von 52, 59, 94, 120
Hohmann, Karl *1ff.*, 133, *134*
Honecker, Erich 14, 59

Jelzin, Boris 112
Jermakowicz, Wladyslaw 38, 68

Keynes, John Maynard 64
Kljamkin, Igor 130
Kohl, Helmut 10, 16f.
Kostozewa, Wojciech 81
Krogmann, Carl Vincent 95
Kunz, Willi 72
Kurashvili, Boris P. 68

Lehmann, Manfred *134ff.*
Leipold, Helmut 68
Lenin, Wladimir I. 38, 41, 44, 52f., 64, 85, 87, 90, 105, 116, 121, 124, 130
Levcik, Friedrich 74f., 79
Liebowitz, Ronald D. 68
Linder, Willy 68

List, Friedrich 111

Malenkow, Georgij M. 88
Mao Zedong 103
Marheinecke, Frank *100, 131*
Martschuk, Gurij 90
Marx, Karl 52, 105, 115
Meier, Christian 71, 74
Michaelis, Hans *123*
Miksch, Leonhard 119
Mises, Ludwig von 120
Morus, Thomas 52
Müller-Armack, Alfred 120

Peterhoff, Reinhard 68
Petrakow, Nikolaj Ja. *19 ff., 93 f., 98 f.,* 101, *105 ff., 113 f.,* 116, *118 f.,* 120, 124, *125 ff., 131 f.,* 133, *134,* 135
Plechanow, Georgij W. 53
Prosi, Gerhard *93, 101 f., 106 ff., 122 ff.*

Raiffeisen, Friedrich Wilhelm 115
Reagan, Ronald 7, 10, 15
Riehm-Günther, Eva *120, 127 f., 130, 133 f.*
Röpke, Wilhelm 61 f., 68, 120, 130
Rüstow, Alexander 120
Ryschkow, Nikolaj Iwanowitsch 79

Sacharow, Andrej 7, 110
Saint-Simon, Graf Claude Henry de Rouvryo 52, 59

Scheibert, Peter 46, 68
Schewardnadse, Eduard Amwrossijewitsch 12 f.
Schirjajew, Jurij S. 74 ff.
Schiwkow, Todor 14
Schmeljow, Nikolaj 37
Schmitt, Matthias *97 f.*
Schüller, Alfred *33 ff.,* 68, 76, *94 ff.,* 98, 99, 101, *102 f., 120 f.,* 126, *132 f.*
Seiffert, Wolfgang *69 ff., 95 ff.,* 110, *112 f.,* 120, *128 f., 132*
Senin, Michail W. 72
Sirč, Ljubo 68
Skljarow, Witalij Federowitsch 7
Smith, Adam 52, 98, 109
Stalin, Josef 35, 68, 86 ff., 121
Stoph, Willi 76
Sytschow, Wjatscheslaw 76, 79

Teltschik, Horst *5 ff.,* 21, 24, 118
Timmler, Markus *118*

Ulbricht, Walter 59

Wartenburg, Peter Graf Yorck von 123 f.
Wichmann, Antonius *116 f.,* 122
Wichmann, Walter *113, 115 f., 126 f.*
Wickert, Erwin *103 ff., 111 f., 129 f.*
Woerner, Joachim *109 f.*
Woortmann, Geerd *103*

Sachregister

Abrüstungspolitik 7 ff., 15 f., 24 f., 118
Ägypten 14
Afghanistan 7, 12 f.
Aktienbörsen 30, 51, 93 f., 128
Aktiengesellschaften 31 f., 51, 97, 127 f.
Angola/Namibia 8
Arbeiterselbstverwaltung 48
Arbeitslosigkeit 42, 50 f., 107, 134
Arbeitsproduktivität 22, 24
Ausschreibungen (Staatsaufträge) 40 ff., 54, 128
Außenhandelspolitik 51, 64 ff., 75, 119, 123
Außenhandelspreise 27, 51, 65 f., 75, 78
Außenpolitik
   Bundesrepublik Deutschland 17
   Europäische Gemeinschaft 17, 80
   UdSSR 12 ff.
Außenwirtschaftsordnung 51, 64 ff., 75, 123
Australien 14
Autarkie 14
Automobilindustrie 28
Autonomie
   Regionalautonomie 30 f.
   Selbstbestimmung 62, 131
   Selbstverwaltung 41, 46, 48

Bankensystem 31, 45, 86, 101
Bauernklasse 87, 106
Bauwirtschaft 54
Befreiungskriege 12
Belegschaftsaktien 128
Belegschaftsrechte 90
Beschäftigungsgarantie 42, 50 f.
Betriebsautonomie 48, 75 ff., 96, 99, 128 f.
Betriebsgesetz (Gesetz über den staatlichen Betrieb) 47, 54, 128 f.
Betriebsverlust 48, 50 f.
Bewirtschaftung 95, 124
Bilanzierung 94
Bildungspolitik 31, 116
Binnenmarkt, europäischer 80
Bodeneigentum 63, 66, 121
Breschnew-Doktrin 12
Bretton-Woods-Abkommen 122
Budgetdefizit 23, 26, 42, 126
Bürgschaften 67
Bürokratie 38, 40, 42, 57 f., 60 f., 75, 110, 117 f., 128, 135
   Zarismus 46
Bulgarien 15, 75, 79

Chauvinismus 131
Chemische Waffen 8
Chile 132
China, Volksrepublik 13 f., 27, 51, 102, 104, 109
   Inflation 22
   Kommunistische Partei 129 f.
   Wirtschaftslage 112
   Wirtschaftsreform 41
Comecon
   Administration 71 ff.

Beziehungen zur EG/EWG 80
Desintegration 74
Gemeinschaftsunternehmen
 75 f.
Komplexprogramm 71, 74
Preissystem 76
Statut 77
Technologie 72 f.
Währungsordnung 71, 76
Wirtschaftslage 73, 78
Wirtschaftsplanung 71 ff.
Zusammenarbeit 4, 72 f., 76 ff.,
 86, 95, 108
ČSSR 15, 51, 75, 79

DDR 59 f., 62, 74 ff.
 Comecon 78 ff.
 SED 35, 59
 Technologie 76 f.
Demokratie 11, 30, 35 f., 52, 89,
 102, 129 ff.
Demokratischer Sozialismus 54,
 58
Demokratischer Zentralismus 47
Deregulierung 102, 133
Desintegration 62, 65, 74, 130
Deutsch-französische Zusam-
 menarbeit 17
Devisenbewirtschaftung 27 f.,
 66, 94 f., 126
Devisenmarkt 27 f., 94 f., 126
Dezentralisierung 11, 31, 65,
 129 f.
Diktaturen 132
Dirigismus 57 f., 65, 101 f., 137
Drogenkriminalität 12
Duale Wirtschaft 29, 41, 44, 52,
 99 ff., 104

Effizienz 21, 35, 42, 80
Eigeninitiative 85, 94, 113, 117,
 122
Eigentum 31, 48 ff., 51, 86, 95 ff.,
 103, 119 ff., 128
Eigenverantwortung 11, 36, 41,
 54, 94, 107 f., 113, 116 f., 121
Einheitliche Europäische Akte 17
Einkommenspolitik 22, 126
Einkommensteuer 42
Einzelhandel 115 f.
Energiewirtschaft 25, 54, 114
Entbürokratisierung 60 f.
Enteignung 63, 66
Entlohnung 42, 45, 50, 118
Entpolitisierung 61, 67
Entwicklungsländer 13, 65, 110,
 127
Erdbeben (Armenien) 26
Erdölexporte 26 f.
Europäische Gemeinschaft
 Beziehungen zum Comecon
 76, 80
 Binnenmarkt 14 ff.
 Sicherheitspolitik 17
Evolution 93, 107
Expansionsstreben 7, 89, 113

Festpreise 104
Forschung 90
Frankreich 17, 124
Freiberufler 46
Freie Wirtschaftssektoren 27
Freie Wirtschaftszonen 26, 53
Freiheit 35, 58, 61, 80, 107 f.,
 122, 131
Freiwilligkeit 79
Freizügigkeit 35, 125, 132
Friedenspolitik 4, 8 ff., 13 ff., 24 f.

GATT 65
Geldpolitik 41, 101, 125 f.
Geldvermögen 41, 45, 101
Geldwertstabilität siehe Inflation
Geldwirtschaft 29, 44
Gemeineigentum 31, 36, 47 ff.,
  62, 86, 93 ff., 121
„Gemeinsames Europäisches
  Haus" 14
Gemeinschaftsunternehmen
  26 ff., 35, 47, 53, 64, 114, 126
Genossenschaften 31, 35, 40,
  46, 53, 63, 87, 96 f., 115
Geschäftsinteressen 78, 119
Gesetz über den staatlichen Betrieb (1. Januar 1988) 40
Gesundheitswesen 107
Getreideimporte 103 f., 114
Gewalt, militärische 12
Gewaltenteilung 11
Gewerbefreiheit 45, 47, 53, 63,
  97, 127
Gewerkschaften 50
Gewinnanreize 36, 42 ff., 50, 58,
  61, 85
Gewinntransfer 28 f.
Gipfeldiplomatie 8, 10, 14, 16
Glasnost 11, 127
Golfregion 8
Großbetriebe 46
Großprojekte 25 f.
Grundbesitz 63, 66, 121
Grundlagenforschung 90
Grundnahrungsmittel 103 f.
  siehe auch Versorgungslage
Grundstoffindustrie 54, 127

Haftung 48, 50 f., 94, 121 f.,
  127 f.

Handelsinteressen 119
Handelskammern 46
Handelsliberalisierung 14, 35,
  51, 64 ff.
Handwerk 46, 116
Haushaltsdefizite 23, 26, 42, 126
Hungersnot 85

Ideologie 11, 21, 64, 78, 86, 89,
  98 ff., 109, 115, 119
Importkontingentierung 66
Importsubstitution 64
Indien 13 f.
Indonesien 14
Industriepolitik 22, 46, 60, 87,
  96
INF-Verhandlungen 7 ff., 16
Inflation 38, 42 ff., 57, 98, 101 ff.,
  112, 124 ff., 134 f.
  China 104
  Jugoslawien 22
  Polen 22
  UdSSR 22 f., 125
  Ungarn 22
Infrastruktur 25, 113 ff.
Initiative 85, 94, 113, 117, 122
Inlandspreise 66
Innovation 35, 60, 77, 93
Interdependenz 21, 120, 131
Internationale Zusammenarbeit
  13 f., 35, 64 ff., 132
Internationales Währungssystem
  27, 65, 122
Interventionen, militärische 12
Interventionismus 44, 57 f., 65,
  101 f., 137
Investitionspolitik 25, 30 f., 47,
  54 ff., 101, 128
Iran 14

Islam 13
Israel 14

Japan 13f., 27
 Kurilenstreit 26
Jugend 117
Jugoslawien 22, 108

Kalkulationsregeln 22f., 123f.
Kampuchea 8
Kapitalhilfe 64ff., 119, 127
Kapitalismus 35, 53, 86, 97
Kapitalmarkt 30, 51, 93f., 128
Kaufkraft 29, 41, 45, 101, 117, 127
Kennziffern 36, 40, 47, 54
Kernkraftwerke 114
Klein- und Mittelbetriebe 46, 62, 93, 104
Koexistenz 13f., 35, 132
Kolchosen 106
Kollektiveigentum 31, 36, 47ff., 62, 86, 93ff., 121
Kommunismus 44, 85ff., 124
Kommunistische Partei Chinas (KPCh) 129f.
Kommunistische Partei der Sowjetunion (KPdSU)
 Führungsanspruch 11, 35f., 87ff., 110
 Reformflügel 85, 90, 111
 Zentralkomitee 10, 24, 60
Kompensationsgeschäfte 29, 44
Komplexprogramm (Comecon) 71, 74
Konferenz für Sicherheit und Zusammenarbeit in Europa (KSZE) 8, 16
Konferenz über Vertrauens- und Sicherheitsbildende Maßnahmen und Abrüstung in Europa (KVAE) 8
Konkursrecht 51, 128
Konsum siehe Versorgungslage
Konsumentensouveränität 100, 122
Kontrollziffern 36, 40, 47, 54
Konventionelle Waffen 8f.
Konvergenztheorie 97, 102f.
Konvertibilität (Rubel) 27ff., 51, 64, 66, 75ff., 96, 122f., 136
Konzessionspolitik 53, 64
Kooperation, internationale 12ff., 15, 35, 79, 132
Koordination 60ff.
Korruption 117, 129
Kostensenkung 21, 35, 42, 80
KPdSU siehe Kommunistische Partei
Kredithilfen 22, 64, 67
Kreditwirtschaft 31, 45, 86, 101
Kriegskommunismus 44, 85
Krisengebiete 8f., 12
KSZE-Konferenz 8, 16
Kuba 108
Kurilenstreit (Japan/UdSSR) 26
KVAE-Konferenz 8

Landflucht 24
Landwirtschaft 49, 87, 103, 114, 121
Lateinamerika 14
Leistungsbereitschaft 42ff., 36, 50, 61, 85
Lenkungsmechanismen 40, 57ff., 88
Liberalisierung 14, 35, 51, 64ff.
Libyen 119

Machtpolitik 7, 89, 113
Management-Methoden 116
Marktfreiheiten 58, 61, 80
Marktpreise 57f., 61, 94, 102
Marktwirtschaft
  Begriff 35, 40, 58f., 94ff., 98ff., 136f.
  Ersatzlösungen 95
  Konstituierende Prinzipien 52, 136f.
  Realität 52, 99f., 110, 120, 137
  Übergangsprozeß 96, 109f., 124, 136
  Ursprung 35f., 98f.
„Marktwirtschaft im Sozialismus" 93, 96f., 99, 101
Marxismus-Leninismus 11, 21, 78, 89, 98, 115
Menschenrechte 8
Menschenwürde 105
Militärbürokratie 60
Militärdoktrin 12, 24f.
Mischsysteme 101, 104
Mittelstreckenraketen 7ff., 16
Mobilität 35, 125, 132

Naher Osten 8
Nationalismus 30f., 62, 66
NATO-Doppelbeschluß 7, 9, 16
Neid 44, 117
„Neue Konzeption des Zentralismus" 54, 59
„Neue Ökonomische Politik" (NÖP) 52f., 85, 86, 88, 90, 116, 122
„Neue Weltwirtschaftsordnung" 65
„Neues Denken" 12, 115

„Neues Ökonomisches System der Planung und Lenkung" (NÖSPL) 56
Nomenklatura 117, 130
Nord-Süd-Probleme 13, 65, 110, 127
Notenbanken 31, 45, 51, 102
Nuklearwaffen 7ff., 12, 16

OECD 81
Öffentliche Meinung 3, 9f., 25
Ökonomisches System des Sozialismus 59
Offene Handelsgrenzen 14, 35, 51, 64ff.
Oktoberrevolution 3
Opposition 89, 132
Ordnungspolitik 97f., 103, 137
Organisationskosten 121
Ostpolitik 17
Ost-West-Beziehungen 7ff.

Pächtersozialismus 49
Pädagogik 116
Parallelwährung 29
Parlamentarismus 89, 132
Parteien 36f., 131
  KPCh 129f.
  KPdSU 10f., 24, 35f., 60, 85ff., 110f.
  SED 35, 59
Perestrojka 10f., 21, 30, 35, 38, 52f., 62, 66f., 71, 96ff., 100, 103, 109f., 114, 127, 130f.
Pershing Ia 16
Planification 124
Planwirtschaft
  Lenkungsmethoden 44, 53f., 56ff., 107ff., 114

Planvollzug 37f., 40, 58, 62, 96
Wesen 11, 37, 47, 60, 95ff., 114
Ziele 47, 54
Pluralismus 11, 89, 132
Polen 15, 36, 51, 61, 79, 90, 95, 132
 Comecon 80
 Inflation 22
Politische Ökonomie 88
Politisierung 37, 61, 67
Preisbildung 3, 37, 45, 58, 64, 87f., 95, 99ff., 120, 123ff.
Preisreformen 27, 56f.
Preisregulierung 22f., 56ff., 95, 102ff., 123ff., 137
Preisstabilität siehe Inflation
Privateigentum 31, 48ff., 51, 86, 95ff., 103, 119ff., 128
Privatisierung 40, 44, 96, 127, 135
Privatwirtschaft 45, 47, 53, 63, 97, 127
Privilegien 42, 117
Produktionskapazitäten 115, 122

Rat für Gegenseitige Wirtschaftshilfe (RGW) siehe Comecon
Rationierung 95, 124
Rechnungszusammenhang 36, 94f.
Rechtssicherheit 11, 63
Reformdauer 112, 118
Reformerfahrungen/-folgen 108ff.
Reformfähigkeit 89
Reformgegner 42, 112

Reformkonzeptionen 10f., 15, 103, 111f. siehe auch Perestrojka
Regionalautonomie 30
Regulierung 22f., 58ff., 95, 102ff., 123ff., 137
Rentenversicherung 107
Ressortegoismus 37, 41
Risiko 52, 93
Rohstoffpreise 23, 115
Rubel-Konvertibilität 27ff., 51, 64, 66, 75ff., 96, 122f., 136
Rüstungsindustrie 24, 54
Rüstungskontrolle 7ff., 12, 15f., 24f.
Rumänien 74ff.

Schattenwirtschaft 38, 42, 44, 46, 63, 116
Schwarzmarkt 94f., 104
Schwellenländer 81, 102
SDI-Programm 7
„Seelenmassage" 4
Selbständigkeit 63, 96
Selbstbestimmung 30f., 62, 131
Selbstinteresse 36, 42ff., 50, 58, 61, 85
Selbstregulierung 85, 88
Selbstverantwortung 41, 54, 94
Selbstverwaltung 41, 46, 48
Sicherheitspolitik 9f., 14ff., 118
Souveränität 60, 131
Sowjetrepubliken 30f., 62, 131
Sowjetsystem 110
Sowjetunion siehe UdSSR
Soziale Frage 107, 136
Soziale Marktwirtschaft 132ff., 137
Soziale Sicherheit 57, 105ff.

Sozialer Frieden 135
Sozialismus
  Begründer 53
  Ideal 89, 98, 105f., 108
  Realität 35f., 106, 115
„Sozialismus in der Marktwirtschaft" 98
Sozialistische Einheitspartei Deutschlands (SED) 35, 59
„Sozialistische Marktwirtschaft" 11, 58f., 76, 87ff., 97f., 109, 119f.
„Sozialistische Wirtschaftsgemeinschaft" 71
„Sozialistischer Rechtsstaat" 11
Sozialistisches Eigentum 31, 36, 47ff., 62, 86, 93ff., 121
Sozialneid 44, 117
Spekulantentum 63
SS 20 7, 12
Staatsaufträge 40ff., 54, 128
Staatsbetriebe 40, 47ff., 53f., 57, 63, 97, 128f.
Staatseigentum 36, 47ff., 62, 86, 93ff., 121
Staatsinterventionismus 44, 57f., 65, 101f., 137
Staatskapitalismus 53
Staatsverschuldung 23, 26, 42, 47ff., 86, 93, 125, 135
Stabilisierungspolitik siehe Inflation
Stalinismus 105, 108, 110, 132
Subventionen 22, 42, 50, 104
Südkorea 132
Syndikalismus 51
Systemdualismus (Systemgabelung) 29, 41, 44, 52, 99ff., 104
Systemvergleich 101, 121

Technischer Fortschritt 35, 60, 77, 93
Terrorismus 12
Transfer-Rubel 75, 78
Transportwesen 113
Tschernobyl 26

UdSSR
  Aktienbörsen 128
  Aktiengesellschaften 31f., 51, 97, 127f.
  Außenpolitik 12ff.
  Außenwirtschaftsordnung 51, 64ff., 75, 123
  Autarkie 14
  Automobilindustrie 28
  Bankensystem 31, 45, 86, 101
  Bauernklasse 87, 106
  Bauwirtschaft 54
  Comecon 76ff.
  Devisenmarkt 27f., 94f., 126
  Eigentum 31, 36, 47ff., 62, 86, 93ff., 121
  Einkommenspolitik 22, 126
  Einzelhandel 115f.
  Energiewirtschaft 25, 54, 114
  Erdölexport 26f.
  Expansionsstreben 7, 89, 113
  Freie Wirtschaftssektoren 27
  Freie Wirtschaftszonen 26, 53
  Genossenschaften 31, 35, 40, 46, 53, 63, 87, 96f., 115
  Getreideimporte 114
  Gewinntransfer 28f.
  Großprojekte 25f.
  Grundstoffindustrie 54, 127
  Handwerk 46, 116
  Hungersnot 85

Industriepolitik 22, 46, 60, 87, 96
Inflation 22f., 125
Infrastruktur 25, 113ff.
Investitionspolitik 25, 30f., 47, 54ff., 101, 128
Kapitalmarkt 30, 51, 93f., 128
Kernkraftwerke 114
Konvertibilität 27ff., 51, 64, 66, 75ff., 96, 122f., 136
KPdSU 10f., 24, 35f., 60, 85ff., 110f.
Landflucht 24
Landwirtschaft 49, 87, 103, 114, 121
Militärdoktrin 12, 24f.
„Neue Ökonomische Politik" (NÖP) 52f., 85, 86, 88, 90, 116, 122
Öffentliche Meinung 25
Oktoberrevolution 3
Pädagogik 116
Parallelwährung 29
Planungsverfahren 37f., 53ff., 62, 95ff., 114
Preiskontrolle 23, 27
Preisreform 27, 56f.
Produktionskapazitäten 115
Rechtsstaatlichkeit 11, 63
Reformpolitik (Perestrojka) 10f., 21, 30, 35, 38, 52f., 62, 66f., 71, 96ff., 100, 103, 109f., 114, 127, 130f.
Regionalautonomie 30f., 62, 131
Rüstungsindustrie 24, 54
Souveränität 60, 131
Sowjetsystem 110

Staatshaushalt 23, 26, 42, 47ff., 86, 93, 125, 135
Subventionen 22, 42, 50, 104
Transportwesen 113
Umweltschutz 12, 25, 135
Unternehmerpotential 46
Versorgungslage 45f., 49, 86f., 103f., 113, 116, 122
Währungspolitik 29, 45, 97ff., 122, 125, 136
Weltmachtanspruch 12, 14, 17
Wirtschaftsdynamik 13, 103, 127
Wirtschaftslage 103, 108ff.
Zahlungsbilanz 65f.
Umweltschutz 12, 25, 135
UNCTAD 65
Ungarn 9, 15, 36, 51, 59, 61f., 75, 79, 90, 96, 109, 129, 132
  Comecon 80
  Inflation 22
Unglücksfälle (Tschernobyl, Erdbeben) 26
Unternehmen
  Aufgabe 66
  Autonomie 48, 75ff., 96ff., 128f.
  Direktbeziehungen 67
  Privatwirtschaft 45, 47, 53, 63, 97, 127
Unternehmerpotential 46
USA
  Deregulierung 102
  Freiheitsrechte 106f.
  Friedenspolitik 13f.

Verantwortung 11, 36, 94, 107f., 113, 116f., 121
Verbände 46
Verbraucher 100, 122
 siehe auch Versorgungslage
Verfügungsrechte 31, 48ff., 51, 86, 95ff., 103, 119ff., 128
Verschwendung 21, 35, 42, 80
Versorgungslage 45f., 49, 86f., 103f., 113, 116, 122
Versteigerung 95
Verteilungsgerechtigkeit 57, 105ff.
Vertrauen 8, 16, 113, 118, 129, 136
Verwaltung siehe Bürokratie
Vietnam 77
„Volkswirtschaftlicher Rechnungszusammenhang" 36, 94f.

Währungspolitik 29, 45, 97ff., 122, 125, 136
Währungsreformen 3, 29, 45, 133f.
Wahlen 89, 132
Warenmarkt siehe Marktwirtschaft
Warschauer Pakt 8f., 15
Wasserkraftwerke 25
Wehrdienst 25
Weltbank 102
Weltmachtanspruch 12, 14, 17
Weltmarktpreise 27, 65f., 78
Weltwährungssystem 27, 65, 122
Weltwirtschaftsordnung 11f., 68, 103, 127
West-Ost-Beziehungen 7ff.
Wettbewerbsordnung 37, 40, 49f., 52, 56ff., 94ff., 98ff., 107, 122
Wirtschaftliche Rechnungsführung 53f., 56, 58f., 62, 88
Wirtschaftsdemokratie 100
Wirtschaftsdualismus 103, 129
Wirtschaftsdynamik 13, 103, 127, 135
Wirtschaftsfreiheit 35, 58, 61, 80, 99f., 102
Wirtschaftsinteressen 78, 119
Wirtschaftskrise 136
Wirtschaftslage
 China 112
 DDR 111
 UdSSR 103, 108ff.
Wirtschaftslenkung 40, 47, 54, 96, 101
Wirtschaftsreformen 10f., 15, 103, 111f. siehe auch Perestrojka
Wirtschaftssektoren 27
Wirtschaftswissenschaft 21, 88f., 100, 103, 109, 115, 135f.
„Wirtschaftswunder" 3, 133
Wirtschaftszonen 26, 53
Wissenstransfer 36, 94
Wochenmärkte 93, 124

Zahlungsbilanz 65f.
Zentralamerika 8
Zentralbanken 31, 45, 51, 102
Zentralismus 11, 30f., 45, 62, 77, 129f.
Zentralkomitee der KPdSU 10, 24, 60
Zentralverwaltungswirtschaft 44, 53f., 56ff., 60ff., 87, 94ff., 107ff., 114, 121

Schriften zum Vergleich von Wirtschaftsordnungen

Band 41 · Herrmann-Pillath · **China – Kultur und Wirtschaftsordnung**
1989. Etwa 420 S., 11 Abb.,
kt. etwa DM 44,–

Band 40 · Wingender · **Westdevisen und Devisenschwarzmärkte in sozialistischen Planwirtschaften**
1989. VI, 229 S., 14 Abb., 7 Tab., 6 Übersichten, kt. DM 44,–

Band 39 · Hartwig · **Monetäre Steuerungsprobleme in sozialistischen Planwirtschaften**
1987. VI, 146 S., 14 Abb., 14 Tab., kt. DM 44,–

Band 38 · Leipold/Schüller · **Zur Interdependenz von Unternehmens- und Wirtschaftsordnung**
1986. X, 280 S., 5 Abb., 3 Tab., kt. DM 86,–

Band 37 · Paraskewopoulos · **Konjunkturkrisen im Sozialismus**
Eine ordnungstheoretische Analyse
1985. XIV, 207 S., 34 Abb., 21 Tab., kt. DM 72,–

Band 36 · Schmidt · **Internationale Währungspolitik im sozialistischen Staat**
1985. XII, 447 S., 56 Tab., kt. DM 48,–

Preisänderungen vorbehalten

ORDO
Jahrbuch für die Ordnung von Wirtschaft und Gesellschaft
Begründet von Walter Eucken und Franz Böhm
Herausgegeben von H. O. Lenel, H. Gröner, W. Hamm, E. Heuß, E. Hoppmann, E.-J. Mestmäcker, W. Möschel, J. Molsberger, A. Schüller, Chr. Watrin und H. Willgerodt.
Unter Mitwirkung von F. A. von Hayek

Band 40
1989. Etwa 360 S., kt. DM 118,–
Inhaltsübersicht: Zu Walter Euckens Denken in Ordnungen nach fünfzig Jahren: Walter Euckens „Grundlagen der Nationalökonomie" – „Die Grundlagen der Nationalökonomie" vor 50 Jahren und heute – Geschichte und Nationalökonomie: Historische Einbettung und allgemeine Theorien – Euckens Ansätze zur Theorie der Zentralverwaltungswirtschaft und die Weiterentwicklung durch Hensel – Zu Walter Euckens kapitaltheoretischen Überlegungen – Zur Weiterentwicklung der Ordnungstheorie: Freiheit durch Ordnung: Die gesellschaftspolitische Leitidee im Denken von Walter Eucken und Friedrich A. Hayek – Zur Transformation von Wirtschaftsordnungen – Das Ordnungsproblem in der ökonomischen Institutionentheorie – Transaktionskosten im neoklassischen System des allgemeinen Gleichgewichts – Evolutorische Ordnungstheorie oder: Die Transaktionskosten und das Unternehmertum – Wissensmangel, Wissenserwerb und Wettbewerbsfolgen, Transaktionskosten aus evolutorischer Sicht – Institutionelle Arrangements und monetäre Theorie – Zur Interdependenz der Ordnungen: Zur Interdependenz von Wirtschaftsordnung und Gesellschaftsordnung: Euckens Plädoyer für ein umfassendes Denken in Ordnungen ...